AF546254

Gemüse aus der Heimat

Susanne Cremer
Fotografie: Stefan Schulte-Ladbeck
Styling: Christa Schraa

Gemüse aus der Heimat

Saisonal einkaufen. Fein kochen.
Nachhaltig genießen.

CHRISTIAN

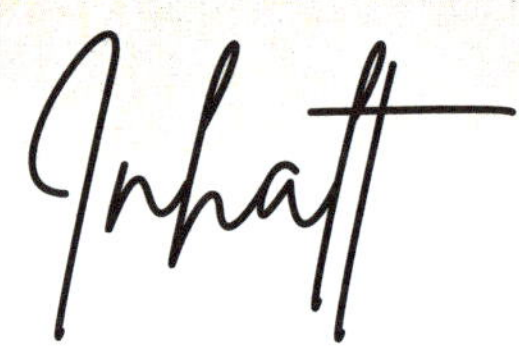

Inhalt

Einleitung

Heimatgemüse – das bedeutet erntefrisches Gemüse, der besondere Duft auf dem Wochenmarkt, im heimischen Gemüsegarten oder beim Hofladen des Bauernhofes in der Nähe.

Für mich war es als Kind schon immer ein Erlebnis, samstags mit meinen Eltern auf den Wochenmarkt zu gehen und an den Ständen und Reihen bunter Gemüseangebote vorbeizuschlendern. Ich habe mich immer besonders gefreut, etwas probieren zu dürfen, mal eine knackige Möhre mit leuchtendem Grün, mal einen frisch gepflückten, rotbackigen Apfel oder ein paar glänzende Kirschen.

Doch nicht nur Wochenmärkte, auch Gemüsegärten haben für mich einen besonderen Reiz. Saisonale und regionale Gemüsesorten mit allen sensorischen Sinnen zu erleben, zu ernten und daraus ein wundervolles Gericht zuzubereiten, ist für mich ein ganz besonderes Erlebnis. Der Garten meiner Großmutter war ihr Heiligtum; und sie in diesen begleiten zu dürfen, ihren Erzählungen zu den Gemüsesorten zu lauschen, knackig-süße Erbsen direkt aus der Schote zu probieren oder die Erdbeeren vom Strauch zu pflücken, habe ich immer als ein besonderes Privileg betrachtet. Und wenn wir dann zum Abschied ein Glas selbsteingelegte Gurken mitbekamen, waren wir rundum glücklich.

Dieser Bann von Kindheitserinnerungen ist mir bis heute erhalten geblieben. Auf unseren Besuch des Wochenmarktes freue ich mich schon die ganze Woche. Doch nicht nur der heimische Wochenmarkt, sondern auch Märkte mit ihrem regionalen Gemüseangebot haben für mich einen ganz besonderen Reiz. Ob wir den Urlaub auf einer Nordseeinsel verbringen, mal eben nach Düsseldorf auf den Carlsplatz fahren oder in südlichen Gefilden einen Ausflug auf den Markt oder in die Gemüsegärten von Freunden und Bekannten machen, für einen Besuch nehme ich mir immer gerne Zeit.

Auf den Märkten kann ich stundenlang an den Ständen verweilen, mich in Gespräche mit den Marktstehern vertiefen und zu alten Gemüsesorten und neuen Züchtungen austauschen. Die eine oder andere Idee zu den Rezepten in diesem Buch ist bei diesen interessanten Begegnungen entstanden und weiter vertieft worden. Andere Rezepte kenne ich in ähnlicher Art noch aus den Küchen meiner beiden, sehr gut kochenden Großmütter oder auch von meiner Mutter. Und mein absolutes Lieblingsrezept mit Stielmus habe ich meiner ehemaligen Chefin zu verdanken.

TED PO

Wobei wir in diesem Buch wirklich nur eine kleine Auswahl an Heimatgemüse dargestellt haben; es gibt noch viel mehr interessante Sorten, die als Ideengeber für köstliche Rezepte dienen können.

Doch nicht nur auf dem Wochenmarkt oder im eigenen Garten, sondern auch im gut sortierten Supermarkt, beim Lieferant Ihrer Gemüsekiste oder dem Bio-Laden werden Sie zum Thema Heimatgemüse fündig.

Wir möchten Ihnen zeigen, wie Sie rund ums Jahr mit saisonalen heimischen Gemüsesorten sowohl schnell zubereitete Rezepte wie das Gelbe-Bete-Süppchen mit Petersilien-Milchschaum, etwas aufwendiger die Grünkohl-Pinienkern-Crespelle oder, wenn es festlich wird, Gänsebrust mit Granatapfel-Rotkohl zubereiten können. Ob Sie Kochanfänger sind oder die hohe Kunst des Kochens schon sicher beherrschen, für jeden Geschmack haben wir gelingsichere und leckere Rezepte entwickelt.

Mit unseren Gemüseporträts und Abbildungen möchten wir Ihnen einen ersten Eindruck zu Ihrem vielleicht nächsten Lieblingsgemüse vermitteln. Auch wenn Ihnen ein Gemüse nicht so bekannt vorkommt; probieren Sie die Rezepte mal aus, wir sind sicher, Sie werden genauso begeistert sein, wie wir es bei der Entwicklung und beim Nachkochen der Rezepte aus diesem Buch waren.

In diesem Sinne wünschen wir Ihnen eine gute Ernte in Ihrem Gemüsegarten oder einen entspannten Einkauf auf Ihrem Wochenmarkt, vielleicht laufen wir uns mal über den Weg und können uns zu Ihrem Lieblingsgemüse austauschen.

Ihre Susanne Cremer

P.S. Ein besonders großes Dankeschön bei der Unterstützung des Einkaufs und der Zubereitung der Rezepte gilt meiner Tochter Christin; Kürbisse in der Bahn zu transportieren, ist schon eine Herausforderung, und meiner Schwester Silvia. Und nicht zu vergessen, das Fototeam in Essen, Christa und Stefan, die die Rezepte in fantastische Fotos umgesetzt haben, die großen Appetit aufs Ausprobieren machen.

Breite Bohnen

AUSSEHEN: sattes, kräftiges Grün, etwa 2 cm breit und etwa 15 cm lang

KONSISTENZ: in frischem Zustand sehr knackig, brechen, wenn man sie biegt

GESCHMACK: typische, angenehme intensive Bohnennote

GARZEIT: mindestens 10–15 Minuten, damit der Eiweißstoff Phasin, der, wenn grüne Bohnen roh verzehrt werden, zu Magen- und Darmbeschwerden führen kann, durch den Garprozess zerstört wird

BESONDERHEITEN/TIPPS: Damit Bohnen beim Kochen die Farbe nicht verlieren, etwas Natron oder Backpulver in das Kochwasser geben und nach dem Garen mit Eiswasser abschrecken. Bohnen werden leichter verdaulich durch die Zugabe von Kümmel oder Bohnenkraut. Wenn die Bohnen beim Draufbeißen quietschen, muss die Garzeit um weitere 1–2 Minuten verlängert werden.

SCHMECKT BESONDERS GUT ZU ODER IN: Ganz einfach gegart und anschließend in Salzbutter mit frischem Bohnenkraut geschwenkt. Aber auch in Salaten, Eintöpfen und Pfannengerichten sowie in Kombination mit Speck und Zwiebeln als Beilage. Aromatischer Gemüsebegleiter von Lammgerichten, aber auch z. B. Rinderbraten.

SAISON: Mitte Mai bis Ende Oktober

EINKAUF: Eine satte grüne Farbe und ein leichter Glanz sind kennzeichnend für einen perfekten Reifegrad. Die Bohnen sollten sehr knackig sein und brechen, wenn sie gebogen werden.

LAGERUNG: 2–3 Tage im Gemüsefach des Kühlschranks haltbar

LAMMKEULE MIT WACHOLDERBOHNEN

Für 4 Personen
Zubereitung: 1 Stunde plus Garzeit der Lammkeule
Schwierigkeit: einfach

Für Lammkeule und Sauce

- 1 Lammkeule mit Knochen (ca. 1,8 kg)
- Salz
- frisch gemahlener schwarzer Pfeffer
- 1 EL Butterschmalz
- 2 Zwiebeln
- 2 Stängel Beifuß
- 4 Zweige Zitronenthymian
- 2 getrocknete Lavendelblüten
- 500 ml Lammfond
- 200 ml Rotwein
- 2–3 EL dunkler Saucenbinder

Für die Wacholderbohnen

- 2 Zweige Bohnenkraut
- 50 g durchwachsener Speck
- 1–2 Wacholderbeeren
- 800 g Breite Bohnen
- 1 EL Butter
- 200 ml Gemüsebrühe

Außerdem

- 400 g Spätzle
- Salz

1. Backofen auf 200 °C Ober- und Unterhitze (180 °C Umluft) vorheizen. Lammkeule waschen, trocken tupfen, mit Salz und Pfeffer würzen. Butterschmalz in einem großen backofengeeigneten Bräter bei hoher Temperatur erhitzen und die Lammkeule darin rundum 10–15 Minuten anbraten. Zwiebeln abziehen, würfeln, dazugeben und anschwitzen. Beifuß und Zitronenthymian waschen, trocken schütteln und die Blättchen abzupfen, fein hacken und mit den Lavendelblüten zufügen. Lammfond und Rotwein angießen, alles aufkochen, dann abgedeckt im vorgeheizten Backofen auf der mittleren Schiene 1 Stunde 30 Minuten–2 Stunden schmoren.

2. Für die Wachlderbohnen Bohnenkraut waschen, trocken schütteln, die Blättchen abzupfen und fein hacken. Speck fein würfeln und Wacholderbeeren in einem Mörser fein zerdrücken. Bohnen putzen, waschen und grob zerteilen. Butter bei mittlerer Temperatur erhitzen und die Bohnen darin mit Bohnenkraut, Speck und Wacholderbeeren etwa 5 Minuten anschwitzen. Brühe angießen und alles abgedeckt 10–15 Minuten garen.

3. Spätzle nach Packungsanweisung in Salzwasser zubereiten. Lammkeule aus dem Ofen nehmen. Die Sauce mit dunklem Saucenbinder andicken, mit Salz und Pfeffer abschmecken. Lammfleisch vom Knochen schneiden, mit Sauce, Bohnen und Spätzle auf Tellern anrichten und servieren.

Dicke Bohnen

AUSSEHEN: blass-grün bis milchig-grün; 1–2 cm große, flache, ungleichmäßige Samenkerne

---

GESCHMACK: süßlich, nussig, mild, mit festem, mehligem Biss

GARZEIT: 5–10 Minuten in Salzwasser garen oder Dicke Bohnen kurz in Salzwasser blanchieren und 2–3 Minuten in Butter schwenken (Dicke Bohnen gehören botanisch gesehen nicht zu den Bohnen und enthalten auch kein Phasin).

BESONDERHEITEN/TIPPS: Nicht im Ganzen verzehrbar, die haarige Hülle ist ungenießbar. Je kleiner und jünger die Samenkerne sind, desto milder und nussiger ist ihr Geschmack. Umso älter die Samenkerne werden, desto fester wird die Haut. Blanchiert lässt sich die umhüllende Haut der Samenkerne leicht ablösen und lässt die Dicken Bohnen im Geschmack noch zarter wirken.

SCHMECKT BESONDERS GUT ZU ODER IN: Klassisch mit Speck gebraten als Beilage. Passt gut zu hellem Fleisch oder Geflügel. Auch lecker in Tomatensauce zu mediterranen Gerichten sowie als Bohnenstampf oder in Kombination mit Nudeln.

SAISON: Mitte Mai bis Ende August

EINKAUF: Am besten bereits gepult kaufen, da 2 kg Schoten nur etwa 500 g Samenkerne enthalten. Ansonsten die hohe Abfallmenge beim Einkauf direkt berücksichtigen.

LAGERUNG: 3–4 Tage im Gemüsefach des Kühlschranks haltbar

LACHSFORELLENFILETS MIT DICKE-BOHNEN-KARTOFFEL-SALAT

Für 4 Personen
Zubereitung: 50 Minuten
Schwierigkeit: einfach

Für den Dicke-Bohnen-Kartoffel-Salat

- 600 g festkochende Kartoffeln
- 1 kg Dicke Bohnen
- 4 Eier
- 1 Bund Radieschen
- 1–2 TL Quittengelee
- 4 EL Walnussöl
- 100 ml Gemüsebrühe
- 2–3 EL Obstessig
- 1–2 TL süßer Senf
- Salz
- frisch gemahlener schwarzer Pfeffer
- 1 Bund Brunnenkresse

Für die Lachsforellenfilets

- 1 unbehandelte Zitrone
- ½ TL Anissamen
- 1 TL Kubebenpfeffer
- Salz
- 4 Lachsforellenfilets mit Haut (à ca. 250 g)

1. Für den Dicke-Bohnen-Kartoffel-Salat die Kartoffeln gründlich waschen und ungeschält in kochendem Wasser 15–20 Minuten garen, dann abgießen. Bohnen palen, waschen und ebenfalls in kochendem Wasser 3–5 Minuten garen, abgießen. Eier etwa 10 Minuten hart kochen und abkühlen lassen. Radieschen putzen, waschen und vierteln oder in Scheiben schneiden.

2. Für das Dressing Quittengelee, Öl, Brühe, Essig sowie Senf verrühren und mit Salz und Pfeffer würzen. Kartoffeln pellen, in Scheiben schneiden, mit Bohnen und Dressing vermischen. Den Salat durchziehen lassen. Brunnenkresse waschen und trocken schütteln, die Blättchen von den Stielen zupfen.

3. Für die Lachsforellenfilets den Backofen auf 220 °C Ober- und Unterhitze (200 °C Umluft) vorheizen. Zitrone heiß abwaschen und trocken tupfen. Die Schale abreiben, die Zitrone halbieren und den Saft auspressen. Anis und Pfeffer im Mörser zerstoßen, mit Zitronenschale vermischen und mit ¾ TL Salz würzen.

4. Lachsforellenfilets waschen, trocken tupfen und mit der Hautseite nach unten auf ein mit Backpapier belegtes Backblech legen. Mit Zitronensaft beträufeln, die Würzmischung darauf verteilen, gut andrücken und im vorgeheizten Backofen auf der mittleren Schiene 15–20 Minuten garen.

5. Eier pellen und in Scheiben schneiden. Vorsichtig mit Radieschen und Brunnenkresse unter den Kartoffelsalat heben und nochmals abschmecken. Dicke-Bohnen-Kartoffel-Salat mit Lachsforellenfilets auf Tellern anrichten und servieren.

Stangenbohnen

AUSSEHEN: sattes, kräftiges Grün, lange dünne Hülsen

GESCHMACK: knackig, herzhaft, frisch, kräftige Bohnennote

GARZEIT: mindestens 10–15 Minuten, damit der Eiweißstoff Phasin, der, wenn grüne Bohnen roh verzehrt werden, zu Magen- und Darmbeschwerden führen kann, durch den Garprozess zerstört wird

BESONDERHEITEN/TIPPS: Damit Bohnen beim Kochen die Farbe nicht verlieren, etwas Natron oder Backpulver in das Kochwasser geben und nach dem Garen mit Eiswasser abschrecken. Bohnen werden leichter verdaulich durch die Zugabe von Kümmel oder Bohnenkraut. Wenn die Bohnen beim Draufbeißen quietschen, muss die Garzeit um weitere 1–2 Minuten verlängert werden.

SCHMECKT BESONDERS GUT ZU ODER IN: Klassisch als Beilage, mit Schinken umwickelt, oder in heller Sauce sowie in Eintöpfen und sommerlichen Salaten.

SAISON: Mitte Mai bis Ende Oktober

EINKAUF: Eine satte grüne Farbe und ein leichter Glanz sind kennzeichnend für einen perfekten Reifegrad. Die Bohnen sollten sehr knackig sein und brechen, wenn sie gebogen werden.

LAGERUNG: 2–3 Tage im Gemüsefach des Kühlschranks haltbar

BLUTWURST MIT VANILLE-STANGENBOHNEN

Für 4 Personen
Zubereitung: 45 Minuten
Schwierigkeit: einfach

- 800 g mehligkochende Kartoffeln
- Salz
- 800 g Stangenbohnen oder breite Bohnen
- 2 Stängel Bohnenkraut
- 500 ml Gemüsebrühe
- 3 säuerliche Äpfel (z. B. Boskop, Cox Orange)
- Zitronensaft zum Beträufeln
- 3 Zwiebeln
- 2 EL Butterschmalz
- 1–2 EL Vanillezucker
- Mark von 1 Vanilleschote
- frisch gemahlener schwarzer Pfeffer
- 200 g feste Blutwurst zum Braten
- 1 EL Butter
- 150 ml heiße Milch
- frisch gemahlene Muskatnuss

1. Kartoffeln schälen, waschen, würfeln und in kochendem Salzwasser etwa 20 Minuten garen. Bohnen putzen, waschen und in mundgerechte Stücke schneiden. Bohnenkraut waschen, trocken schütteln, die Blättchen abzupfen und fein hacken. Bohnen mit Bohnenkraut in Brühe aufkochen, dann bei reduzierter Temperatur abgedeckt etwa 15–20 Minuten garen.

2. Äpfel waschen, von den Kerngehäusen befreien und in etwa 1 cm dicke Scheiben schneiden. Mit Zitronensaft beträufeln, damit sie nicht braun werden. Zwiebeln abziehen und in Ringe schneiden. 1 EL Butterschmalz bei geringer bis mittlerer Temperatur erhitzen. Äpfel und Zwiebeln darin goldbraun anschwitzen, mit Vanillezucker bestreuen und leicht karamellisieren. Vanillemark zufügen und alles mit Salz und Pfeffer würzen.

3. Blutwurst in Scheiben schneiden. Das übrige Butterschmalz bei mittlerer Temperatur erhitzen und die Blutwurst darin unter vorsichtigem Wenden 5–8 Minuten braten.

4. Kartoffeln abgießen, mit Butter und Milch grob zerstampfen, mit Muskat, Salz und Pfeffer abschmecken. Die Bohnen abgießen. Apfel-Zwiebel-Mischung vorsichtig unter die Bohnen heben und mit Salz und Pfeffer würzen. Vanille-Stangenbohnen mit gebratener Blutwurst und Kartoffelstampf auf Tellern anrichten und servieren.

TIPP

Statt mit Blutwurst schmeckt das Gericht auch mit Leberkäse sehr gut.

Wachsbohnen

AUSSEHEN: gelbliche Farbe in unterschiedlicher Intensität, flache, runde Hülsen

---

GESCHMACK: zarter und mild-nussiger Bohnengeschmack

GARZEIT: Mindestens 10–15 Minuten, damit der Eiweißstoff Phasin, der, wenn Bohnen roh verzehrt werden, zu Magen- und Darmbeschwerden führen kann, durch den Garprozess zerstört wird.

BESONDERHEITEN/TIPPS: Wenn die Bohnen beim Draufbeißen quietschen, muss die Garzeit um weitere 1–2 Minuten verlängert werden. Die Wachsbohnen sollten erst kurz vor der Zubereitung gewaschen werden, da diese sonst fleckig werden.

SCHMECKT BESONDERS GUT ZU ODER IN: Durch den milden Geschmack ideal in Salaten oder als Beilage zu sommerlichen Gerichten wie gegrilltem Fisch oder Fleisch. Köstlich auch in Eintöpfen oder Pfannengerichten. Wachsbohnen lassen sich außerdem gut in einem Essigsud einmachen.

SAISON: Mitte Mai bis Mitte Oktober

EINKAUF: Die Intensität der Färbung sagt nichts über den Reifegrad aus, denn dieser kann von Sorte zu Sorte variieren. Nur Bohnen ohne Flecken kaufen, die beim Brechen knackig sind und feuchte Bruchstellen zeigen.

LAGERUNG: maximal 2–3 Tage im Gemüsefach des Kühlschranks haltbar

ROASTBEEF MIT WACHSBOHNENSALAT UND KRESSE-REMOULADE

Für 4 Personen
Zubereitung: 1 Stunde 10 Minuten plus Garzeit des Roastbeefs
Schwierigkeit: mittel

Für das Roastbeef
- 800 g Roastbeef
- feines Meersalz
- frisch gemahlener bunter Pfeffer
- 3 EL mittelscharfer Senf
- 2 Knoblauchzehen
- 2 Zweige Rosmarin
- 2 Zweige Thymian

Außerdem
- Fleischthermometer

Für den Wachsbohnensalat
- 800 g Wachsbohnen
- Salz
- 1 rote Zwiebel
- 200 g Kirschtomaten
- ¼ Bund krause Petersilie
- 3 EL Rapsöl
- 1–2 EL Apfelessig
- 1 TL mittelscharfer Senf
- 1 TL flüssiger Honig
- Salz
- frisch gemahlener schwarzer Pfeffer

Für die Kresse-Remoulade
- 1 Ei
- 1 TL mittelscharfer Senf
- 1 TL Apfelessig
- Salz
- frisch gemahlener schwarzer Pfeffer
- 200 ml Rapsöl
- 1 Beet Kresse

Außerdem
- Kartoffelecken

1. Vom Roastbeef den Fettdeckel abschneiden, den Deckel würfeln und in einem Bräter auslassen. Roastbeef trocken tupfen, mit Salz und Pfeffer würzen. Im ausgelassenen Fett rundum etwa 10 Minuten anbraten. Backofen auf 100 °C Ober- und Unterhitze (80 °C Umluft) vorheizen.

2. Roastbeef mit Senf bestreichen und wieder in den Bräter legen. Knoblauch abziehen und in Scheiben schneiden. Kräuter waschen, trocken schütteln und Nadeln sowie Blättchen abziehen, mit dem Knoblauch zum Fleisch geben. Roastbeef im vorgeheizten Backofen auf der mittleren Schiene etwa 1 Stunde 30 Minuten garen. Bei Verwendung eines Fleischthermometers: Beträgt die Kerntemperatur etwa 56 °C, sollte das Fleisch innen rosa sein.

3. Für den Salat die Bohnen putzen und waschen. Die Bohnen in leicht gesalzenem kochendem Wasser 10–15 Minuten garen, abgießen, abschrecken und abkühlen lassen. Zwiebel abziehen und in feine Ringe schneiden. Tomaten waschen und halbieren. Petersilie waschen, trocken schütteln, Blättchen abzupfen und fein hacken.

4. Für das Dressing Öl, Essig, Senf und Honig verrühren und mit Salz und Pfeffer würzen. Dressing mit Bohnen, Zwiebel, Tomaten und Petersilie vermischen.

5. Für die Remoulade das Ei in einen hohen Rührbecher geben. Senf, Essig, etwas Salz und Pfeffer sowie Öl dazugeben. Mit dem Pürierstab mixen, dabei den Stab langsam von unten nach oben ziehen, bis die Mayonnaise glänzend und dicklich ist. Kresse vom Beet schneiden und vorsichtig unter die Remoulade rühren. Roastbeef in Scheiben schneiden, mit Bohnensalat und Remoulade auf Tellern anrichten und servieren. Dazu passen knusprige Kartoffelecken.

BUNTER BOHNENTOPF

Für 4 Personen
Zubereitung: 35 Minuten
Schwierigkeit: einfach

- je 500 g Stangenbohnen, Wachsbohnen und Dicke Bohnen
- 600 g vorwiegend festkochende Kartoffeln
- 1 Petersilienwurzel
- 2 große Karotten
- 1 Stängel Liebstöckel
- 1 Zweig Bohnenkraut
- 1 l Gemüsebrühe
- 200 g Landmettwurst
- 200 g Schmand
- 1 TL süßer Senf
- 1 TL mittelscharfer Senf
- Salz
- frisch gemahlener schwarzer Pfeffer

1. Stangenbohnen und Wachsbohnen putzen, waschen und große Bohnen halbieren. Dicke Bohnen palen und waschen. Kartoffeln, Petersilienwurzel und Karotten schälen und würfeln.

2. Kräuter waschen, trocken schütteln, Blättchen abzupfen und fein hacken. Brühe mit Bohnen, Kartoffeln, Petersilienwurzel und Karotten sowie Kräutern aufkochen und alles bei mittlerer Temperatur abgedeckt etwa 20 Minuten garen. Mettwurst in Scheiben schneiden, kurz vor Ende der Garzeit dazugeben und mit erhitzen.

3. Schmand mit Senf verrühren, mit Salz und Pfeffer abschmecken. Bohnentopf mit Salz und Pfeffer würzen. In tiefe Teller oder Suppentassen füllen, mit Senfschmand garnieren und servieren.

Chicorée

AUSSEHEN: Eierförmige, längliche Knolle, etwa 15 cm lang; weißlich-hellgelb mit gelben Spitzen

GESCHMACK: knackig, angenehm herb, leicht bitter

GARZEIT: roher Verzehr möglich, gegart in Streifen etwa 2–3 Minuten, überbacken als ganze Knolle 20–25 Minuten

BESONDERHEITEN/TIPPS: Der bittere Geschmack des Chicorée kann in der Kombination mit einer süßen Komponente z. B. Obst, süßlich schmeckendes Gemüse wie z. B. Karotten oder einem süßen Dressing abgemildert und seine frische Note hervorgehoben werden. Weniger Bitterstoffe hat der rote Chicorée.

SCHMECKT BESONDERS GUT ZU ODER IN: Salat oder im Ofen gegart und mit Honig bestrichen. Kann auch als Schiffchen gefüllt oder, mit Schinken ummantelt, gegart werden.

SAISON: Mitte Oktober bis Ende März

EINKAUF: Dunkel und kühl lagern. Chicorée verfärbt sich grünlich und wird unangenehm bitter, wenn er zu lange Licht ausgesetzt wird.

LAGERUNG: bis zu 3 Wochen im Gemüsefach des Kühlschranks

LAMMFILET MIT PETERSILIENHIRSE UND CHICORÉE-BIRNEN-GEMÜSE

Für 4 Personen
Zubereitung: 50 Minuten
Schwierigkeit: einfach

Für das Lammfilet

- 2 Zweige Thymian
- 1 kleiner Zweig Rosmarin
- 1 Stängel Oregano
- 2 EL Olivenöl plus Öl zum Braten
- Salz
- frisch gemahlener schwarzer Pfeffer
- 600 g Lammfilet

Außerdem

- lange Holzspieße

Für die Petersilienhirse

- 1 TL Rapsöl
- 150 g Hirse
- 300–450 ml Gemüsebrühe
- ¼ Bund krause Petersilie
- Salz
- frisch gemahlener schwarzer Pfeffer

Für das Chicorée-Birnen-Gemüse

- 8 Chicoréeknollen
- 2 reife Birnen
- 1 EL Rapsöl
- 100 g Blauschimmelkäse
- 150 ml Milch
- frisch gemahlener bunter Pfeffer

1. Für die Marinade des Lammfilets Thymian, Rosmarin und Oregano waschen, trocken schütteln, Blättchen sowie Nadeln abzupfen und fein hacken. Kräuter, Öl, Salz und Pfeffer mischen. Lammfilets waschen, trocken tupfen und mit der Marinade bestreichen, durchziehen lassen.

2. Für die Petersilienhirse das Öl bei geringer bis mittlerer Temperatur erhitzen, die Hirse darin anschwitzen. Brühe angießen, alles aufkochen und bei geringer Temperatur abgedeckt etwa 25 Minuten ausquellen lassen. Petersilie waschen, trocken schütteln, Blättchen abzupfen und fein hacken. Mit der Hälfte der Petersilie die Hirse verfeinern, mit Salz und Pfeffer abschmecken.

3. Für das Chicorée-Birnen-Gemüse den Chicorée putzen, in breite Streifen schneiden, waschen und trocken tupfen. Birnen schälen, vierteln, von den Kerngehäusen befreien und würfeln. Das Öl bei mittlerer Temperatur erhitzen und die Birnen darin etwa 2 Minuten anschwitzen. Chicorée zufügen und ebenfalls etwa 5 Minuten anschwitzen. Käse fein würfeln und mit der Milch dazugeben. Den Käse schmelzen lassen, alles mit der übrigen Petersilie verfeinern und mit Pfeffer würzen.

4. Lammfilets der Länge nach auf Spieße ziehen. In einer Pfanne bei mittlerer bis hoher Temperatur etwas Öl erhitzen und die Spieße darin rundum 5–8 Minuten braten. Lammfilets, Petersilienhirse und Chicorée-Birnen-Gemüse auf Tellern anrichten und servieren.

Erbsen

AUSSEHEN: grüne Hülsen, 7–10 cm lang; 1 Schote enthält 4–10 Samen

GESCHMACK: knackig und süß

GARZEIT: Frische Erbsen nach dem Auspulen aus der Schale, 10–15 Minuten in kochendem Wasser garen.

BESONDERHEITEN/TIPPS: Junge Schoten können direkt ins kochende Wasser gegeben werden, sodass sie beim Kochen aufplatzen und die Erbsen nach oben schwimmen; etwas Zucker im Kochwasser erhält die grüne Farbe.

SCHMECKT BESONDERS GUT ZU ODER IN: als Suppe oder Beilage, pur oder mit einer aromatischen Kräutersauce. Schmeckt auch als Püree, zu Pasta oder in einem Backteig frittiert.

SAISON: Anfang Juni bis Ende September
Einkauf: Für 300 g Erbsen werden etwa 1 kg Schoten benötigt.

LAGERUNG: In ein feuchtes Tuch gewickelt oder in einem Gemüsebeutel, sind die ungepulten Schoten 3–4 Tage im Kühlschrank haltbar.

BUCHWEIZEN-PFANNKUCHEN-RÖLLCHEN MIT ERBSEN-LACHS-FÜLLUNG

Für 4 Personen
Zubereitung: 45 Minuten
Schwierigkeit: einfach

Für die Pfannkuchen

- ¼ Bund krause Petersilie
- 175 g Buchweizenmehl
- 75 g Weizenmehl (Type 405)
- Salz
- 3 Eier
- 300 ml Milch

Für die Füllung

- 800 g Palerbsen (gepalt ca. 250 g)
- 4 Frühlingszwiebeln
- 3 TL Butter
- 150 g Räucherlachs
- 250 g Sahnequark
- 100 g Frischkäse
- 1 TL flüssiger Honig
- 1 TL mittelscharfer Senf
- Salz
- frisch gemahlener schwarzer Pfeffer

1. Für die Pfannkuchen Petersilie waschen, trocken schütteln, Blättchen abzupfen und fein hacken. Mehle, ¼ TL Salz, Eier, Milch, etwa 150 ml Wasser sowie die Hälfte der Petersilie zu einem glatten Teig verrühren und etwa 20 Minuten quellen lassen.

2. Für die Füllung Erbsen palen und waschen. Frühlingszwiebeln putzen, waschen und in Ringe schneiden. Etwa 1 TL Butter bei geringer bis mittlerer Temperatur erhitzen. Erbsen und Frühlingszwiebeln darin 10–15 Minuten anschwitzen und abkühlen lassen.

3. Räucherlachs in Streifen schneiden. Quark und Frischkäse mit Honig und Senf verrühren, mit Salz und Pfeffer würzen. Räucherlachs und Erbsenmischung vorsichtig unterheben.

4. Übrige Butter nach und nach bei mittlerer Temperatur erhitzen und aus dem Teig vier goldgelbe Pfannkuchen backen. Füllung darauf verteilen und die Pfannkuchen eng aufrollen. Pfannkuchenröllchen mit der übrigen Petersilie bestreuen und servieren.

TIPP

Die gefüllten Pfannkuchen in Röllchen schneiden, mit kleinen Holzspießen fixieren und als Vorspeise oder Fingerfood servieren.

Fenchel

AUSSEHEN: knollenähnliche Zwiebel mit Speicherblättern, faustgroß, weiß-grünlich, seitlich abgeflacht

GESCHMACK: ausgeprägte Anisnote

GARZEIT: Die Garzeit für Fenchel beträgt je nach Größe der Fenchelstücke 8–12 Minuten. Besonderheiten/Tipps: Fenchel enthält ätherische Öle, die den intensiven Anisduft und -geschmack hervorrufen.
Das Fenchelkraut kann klein geschnitten über die Gerichte gestreut werden oder einen Dip aus Quark und Joghurt verfeinern.

SCHMECKT BESONDERS GUT ZU ODER IN: Roh oder fein gehobelt in Salaten oder als Carpaccio. Lecker auch bestrichen mit Blauschimmelkäse. Als Beilage zu Fisch, Fleisch und Meeresfrüchten.

SAISON: Hauptsaison zwischen Juni und Oktober

EINKAUF: Die Knollen sollten kräftig grün bis hellgrün oder leuchtend weiß sein und dabei einen leichten Anisduft aufweisen.
Die Knollen sollten unbeschädigt sein und die Stängel und Blätter frisch aussehen.

LAGERUNG: In ein feuchtes Küchentuch gewickelt im Gemüsefach des Kühlschranks bis zu 2 Wochen haltbar

PUTENFILET MIT FENCHEL-ORANGEN-SALAT

Für 4 Personen
Zubereitung: 35 Minuten
Schwierigkeit: einfach

- 400 g Putenfilet
- Salz
- frisch gemahlener schwarzer Pfeffer
- 3 EL Olivenöl
- 4 Fenchelknollen
- 3 (Blut-)Orangen
- 25 g Pinienkerne
- 2 EL flüssiger Honig
- ¼ Bund Schnittlauch
- 80 g Sprossen (z. B. Radieschensprossen, Rote-Bete-Sprossen)
- 1 TL körniger Senf
- 1 Granatapfel
- 150 g Wildkräutersalat
- 2 reife rotschalige Birnen
- 4 Scheiben Schwarzbrot

1. Putenfilet waschen, trocken tupfen, in Streifen schneiden und mit Salz und Pfeffer würzen. In einer Pfanne 1 EL Öl bei mittlerer Temperatur erhitzen und das Fleisch darin rundum 5–8 Minuten braten. Fenchel putzen, waschen und sehr fein hobeln.
   Zwei Orangen schälen, dabei die weiße Haut entfernen und die Orangenfilets zwischen den Trennwänden herausschneiden. Die übrige Orange halbieren und den Saft auspressen.

2. Pinienkerne in einer beschichteten Pfanne ohne Fett anrösten. Mit 1 EL Honig beträufeln, leicht karamellisieren, herausnehmen und abkühlen lassen. Schnittlauch waschen, trocken schütteln und in feine Röllchen schneiden. Sprossen verlesen, bei Bedarf waschen und trocken schütteln.

3. Für das Dressing übrigen Honig, übriges Öl, Orangensaft und Senf verrühren. Granatapfel halbieren, die Kerne herauslösen und den Saft dabei auffangen. Saft und Kerne zum Dressing geben, mit Salz und Pfeffer würzen.

4. Wildkräutersalat waschen, trocken tupfen und auf eine große Platte geben. Birnen waschen, halbieren, von den Kerngehäusen befreien und in Spalten schneiden.

5. Putenbruststreifen, Fenchel, Orangenfilets, Sprossen und Birnen auf dem Wildkräutersalat anrichten, mit Dressing beträufeln und mit Pinienkernen bestreuen. Das Schwarzbrot dazuservieren.

Blumenkohl

AUSSEHEN: großer Kohlkopf mit schneeweißen bis elfenbeinweißen Röschen, knackige grüne Blätter. Erinnert wie der Name auch schon sagt, an eine große Blume mit grünem Blütenkelch.

GESCHMACK: angenehme, milde Kohlnote

GARZEIT: als ganzer Kohl 12–20 Minuten, als Röschen 5–8 Minuten

---

BESONDERHEITEN/TIPPS: Blumenkohl gilt als bekömmlichste aller Kohlsorten. Die Beliebtheit von Blumenkohl war am Hof von Ludwig XIV. so groß, dass ein nach des Königs Mätresse Madame Dubarry benanntes Gericht bis heute zu den Klassikern in der gehobenen Küche gehört. Den überbackenen Blumenkohl Dubarry gibt es in zahlreichen Varianten sowie auch die Crème Dubarry – eine feine Blumenkohl-Cremesuppe.

Damit Blumenkohl die schöne weiße Farbe behält und sich nicht durch das Sonnenlicht verfärbt, knicken die Bauern 1–2 der inneren Hüllblätter über die lichtempfindlichen Köpfe oder binden die Blätter zusammen. Mittlerweile gibt es jedoch pflegeleichtere Züchtungen, bei denen sich die Herzblätter von allein nach innen drehen und quasi als Sonnenschirm fungieren, womit sich aufwendige Handarbeit erübrigt.

Um den Kohlgeruch zu reduzieren, zum Kochwasser etwas Zitronensaft dazugeben. Dieser erhält außerdem die weiße Farbe besonders gut. Außerdem soll ein Lorbeerblatt oder ein Schuss Milch im Kochwasser helfen, den Geruch zu reduzieren.

SCHMECKT BESONDERS GUT ZU ODER IN: Sehr fein geraspelt und in Butter gedünstet als Low-Carb-Reisersatz. Klassisch mit Béchamelsauce als Beilage oder mit brauner Butter und geröstetem Paniermehl als ganzer Kopf. Auch beliebt in Aufläufen und Eintöpfen sowie gegart in Gemüsesalaten.

SAISON: für heimische Freilandware Frühsommer bis November

EINKAUF: Dicht anliegende, saftige Blätter, pralle Röschen und ein möglichst kurz unter den Hüllblättern abgeschnittener Strunk sowie ein frischer, angenehmer und milder Kohlduft deuten auf optimale Frische hin.

LAGERUNG: 4–5 Tage im Gemüsefach des Kühlschranks haltbar

BLUMENKOHL-FRITTERS MIT PFLAUMENKETCHUP UND SALAT

Für 4 Personen
Zubereitung: 1 Stunde
Schwierigkeit: mittel

Für den Pflaumenketchup
- 250 g Pflaumen
- 150 ml roter Traubensaft
- 2–3 EL Weißweinessig
- 1–2 TL brauner Rohrzucker
- Salz
- frisch gemahlener schwarzer Pfeffer

Für das Dressing
- 1 kleiner säuerlicher Apfel
- 1 EL Honig
- 80 ml Apfelsaft
- 2 EL Apfelessig
- 2 EL Walnussöl
- 3 EL Rapsöl
- Salz
- frisch gemahlener schwarzer Pfeffer

Für die Blumenkohl-Fritters
- 600 ml Gemüsebrühe
- 100 g Graupen
- 1 Blumenkohl
- 1 Schalotte
- 1 Knoblauchzehe
- 4–5 EL Pflanzenöl
- 2 EL Kichererbsenmehl
- 2 EL Grieß
- 120 g zarte Haferflocken
- 3 Eier
- Salz
- frisch gemahlener schwarzer Pfeffer
- 200 g herbstliche Salatmischung (z. B. Lollo rosso, Eichblattsalat)

1. Für den Ketchup Pflaumen waschen, halbieren, von den Steinen befreien und fein würfeln. Pflaumen, Traubensaft, Essig und Zucker aufkochen, dann bei geringer Temperatur offen 15–20 Minuten köcheln lassen, eventuell etwas Traubensaft nachgießen. Ketchup pürieren und mit Salz und Pfeffer würzen.

2. Für das Dressing den Apfel schälen, vierteln, vom Kerngehäuse befreien und fein würfeln. Apfelwürfel mit Honig, Apfelsaft und Essig aufkochen, bis die Apfelstücke weich sind. Anschließend pürieren und abkühlen lassen. Öle zum Dressing geben und mit Salz sowie Pfeffer abschmecken.

3. Für die Blumenkohl-Fritters die Brühe aufkochen. Die Graupen darin bei mittlerer Temperatur etwa 25 Minuten garen. Blumenkohl putzen, waschen, in Röschen zerteilen und mithilfe einer Küchenmaschine oder Reibe fein raspeln. Schalotte und Knoblauch abziehen und fein würfeln. 2 EL Öl bei mittlerer Temperatur erhitzen, Blumenkohlraspel darin anbraten. Schalotte und Knoblauch dazugeben, alles bei leicht reduzierter Temperatur etwa 15 Minuten braten. Graupen abgießen und mit Kichererbsenmehl, Grieß sowie der Hälfte der Haferflocken unterheben und etwas abkühlen lassen.

4. Eier gut untermengen und alles mit Salz und Pfeffer würzen. Blumenkohlmischung mit feuchten Händen zu Bratlingen formen. In den übrigen Haferflocken wenden und diese gut andrücken. Das übrige Öl bei mittlerer Temperatur erhitzen und die Fritters darin unter Wenden 10–15 Minuten goldbraun braten.

5. Die Salatmischung waschen, trocken schütteln und mit dem Dressing anmachen. Blumenkohl-Fritters mit Pflaumenketchup und Salat auf Tellern anrichten und servieren.

Chinakohl

AUSSEHEN: länglicher, ovaler, leicht zylindrischer Kohlkopf mit filigranen, leicht krausen Blättern, hellgelbe bis hellgrüne leicht gelbliche Farbe

GESCHMACK: eine der mildesten Kohlsorten

GARZEIT: klein geschnitten 5–7 Minuten, als z. B. Kohlblätter gefüllt 25–35 Minuten

BESONDERHEITEN/TIPPS: Gilt neben Blumenkohl als bekömmlichste Kohlsorte. Bei der Vorbereitung brauchen nur die äußeren Blätter entfernt werden; die Blattrippen können mit verzehrt werden.

SCHMECKT BESONDERS GUT ZU ODER IN: Salaten, kombiniert mit Früchten wie z. B. Äpfeln, Birnen, Mandarinen. Als Gemüse für schnelle Pfannen- und asiatische Gerichte.

SAISON: Oktober bis November

EINKAUF: Die Blätter sollten frisch und knackig aussehen sowie keine dunklen Flecken haben, und der Chinakohl sollte sich fest anfühlen.

LAGERUNG: im Gemüsefach des Kühlschranks etwa 2 Tage haltbar

SEETEUFEL MIT CHINAKOHL IN PFEFFERRAHM

Für 4 Personen
Zubereitung: 35 Minuten
Schwierigkeit: einfach

1 kleine unbehandelte Zitrone
4 Seeteufelfilets (à ca. 150 g)
Salz
2 EL Rapsöl
400 g grüne Tagliatelle
1 Chinakohl (ca. 800 g)
rosa Pfefferbeeren
1 TL Butter
100 g Sahne
4 Stängel Dill
100 g Crème fraîche
frisch gemahlener schwarzer Pfeffer

1. Zitrone heiß abwaschen, trocken tupfen und Schale abreiben, dann halbieren und den Saft auspressen. Seeteufel waschen, trocken tupfen, mit etwas Zitronensaft beträufeln und mit Salz würzen. Das Öl bei mittlerer Temperatur erhitzen und den Seeteufel darin unter möglichst einmaligem vorsichtigem Wenden 10–15 Minuten braten.

2. Nudeln nach Packungsanweisung zubereiten. Chinakohl putzen, waschen, trocken schütteln und in Streifen schneiden. Pfefferbeeren in einem Mörser leicht zerdrücken und in bei mittlerer Temperatur erhitzter Butter anrösten. Den Chinakohl darin anschwitzen. Sahne angießen und alles abgedeckt etwa 5 Minuten garen. Dill waschen und trocken schütteln, Spitzen abzupfen und fein hacken.

3. Chinakohl mit Crème fraîche und Dill verfeinern. Mit etwas fein geriebener Zitronenschale und -saft sowie Salz und Pfeffer abschmecken. Seeteufel mit Chinakohl und Tagliatelle auf Tellern anrichten und servieren.

Grünkohl

AUSSEHEN: grüner, krauser Kohl mit dunkelgrünen Blätter, die beim Aneinanderreiben quietschen

GESCHMACK: kräftiger, sehr aromatischer Kohlgeschmack

GARZEIT: Gezupfte und gewaschene Grünkohlblätter 2–4 Minuten blanchieren. So werden Bitterstoffe aus dem Kohl gelöst, und er wird bekömmlicher. Je nach Rezept kann die Garzeit bis zu 90 Minuten betragen. Gedünstet oder gedämpft benötigt Grünkohl jedoch nicht mehr als 10–15 Minuten.

BESONDERHEITEN/TIPPS: Klassisches Wintergemüse. Die Blätter vom Strunk abstreifen und gründlich waschen, da sie oft noch mit Sand verschmutzt sind. Dicke Blattrippen herausschneiden.
Den Grünkohl dann in Salzwasser blanchieren, gut ausdrücken und fein hacken. Oft gibt es Grünkohl schon bereits vorgeschnitten.

SCHMECKT BESONDERS GUT ZU ODER IN: Besonders gerne isst man Grünkohl in Norddeutschland als »Kohl und Pinkel« (Grünkohl mit einer geräucherten Grützwurst) oder als Beilage zu Gepökeltem, Kasseler oder Mettwurst. Grünkohl hat sich mittlerweile unter dem Begriff Kale zu einem Superfood entwickelt und kann außer den klassischen Zubereitungen auch zu Kale-Chips, -Salat und grünen Smoothies zubereitet werden.

SAISON: Geerntet wird Grünkohl möglichst spät im Jahr, etwa ab Ende Oktober. Durch die niedrigen Temperaturen werden die Stoffwechselvorgänge in der Pflanze verlangsamt, wodurch der Zuckergehalt in den Blättern ansteigt und dem Grünkohl mehr Geschmack verleiht. Viele Kenner schwören daher darauf, dass der Grünkohl »den ersten Frost gesehen« haben muss. Saison: bis Anfang März

---

EINKAUF: Die Blätter sollten einen satten Grünton haben und knackig sind. Meiden Sie Grünkohl mit welken und trockenen Spitzen, die sich bereits gelb verfärbt haben.

LAGERUNG: bis zu 5 Tage im Gemüsefach des Kühlschranks haltbar

GRÜNKOHL-PINIENKERN-CRESPELLE

Für 4 Personen
Zubereitung: 50 Minuten plus Backzeit
Schwierigkeit: mittel

Für die Grünkohlfüllung
300 g frischer Grünkohl (nach Möglichkeit schon geschnitten)
Salz
1 Zwiebel
1 EL Pflanzenöl
1 TL körnige Gemüsebrühe
125 g Stremellachs
1 EL gehackte Cranberrys
50 g Frischkäse
frisch gemahlener schwarzer Pfeffer

Für die Pfannkuchen
60 g Butter
2 Eier
200 g Weizenmehl (Type 405)
400 ml Milch
Salz
1–2 EL Pflanzenöl

Für die Sauce
80 g milder Käse (z. B. Butterkäse oder junger Gouda)
200 g Kirschtomaten
100 g Sahne
Salz
frisch gemahlener Pfeffer
25 g Pinienkerne

1. Für die Grünkohlfüllung geschnittenen Grünkohl waschen und in kochendem Salzwasser etwa 10 Minuten garen, abgießen. Zwiebel abziehen, würfeln und in bei mittlerer Temperatur erhitztem Öl etwa 5 Minuten anschwitzen. Grünkohl zufügen und ebenfalls anschwitzen, 150 ml Wasser und Brühe dazugeben. Alles aufkochen und bei reduzierter Temperatur abgedeckt 20–25 Minuten garen. Stremellachs in kleine Stücke zerpflücken und mit Cranberrys sowie Frischkäse unter den Grünkohl heben. Mit Salz und Pfeffer abschmecken.

2. Für die Pfannkuchen Butter zerlassen, etwas abkühlen lassen und mit Eiern, Mehl, Milch sowie ½ TL Salz verrühren. Das Öl nach und nach bei mittlerer Temperatur erhitzen und darin aus dem Teig vier goldgelbe Pfannkuchen backen, etwas abkühlen lassen. Grünkohlfüllung auf den Pfannkuchen verteilen, diese eng aufrollen und in eine Auflaufform legen. Backofen auf 200 °C Ober- und Unterhitze (180 °C Umluft) vorheizen.

3. Für die Sauce den Käse reiben. Tomaten waschen, trocken tupfen und halbieren. Mit Käse und Sahne vermischen, mit Salz und Pfeffer würzen und auf den Pfannkuchen verteilen. Crespelle mit Pinienkernen bestreuen, im vorgeheizten Backofen auf der mittleren Schiene 20–25 Minuten überbacken und servieren.

Kohlrabi

AUSSEHEN: helle grünlich-weiße und rötlich-violett gefärbte Knollen. Die spiralig um die Knolle wachsenden Blätter hinterlassen aufgrund des Dickenwachstums breite Narben auf der plattrunden bis runden Knolle. Spätsorten erreichen einen Durchmesser von bis zu 20 cm.

GESCHMACK: Geschmacklich unterscheiden sich die hellen grünlich-weißen Knollen nicht von den rötlich gefärbten Knollen. Geschmacksgebend ist jedoch die Anbaumethode. Der unter Glas angebaute Kohlrabi schmeckt milder und besitzt zarteres Fruchtfleisch als Freilandkohlrabi. Sein typischer, leicht süßlicher Geschmack erhält der Kohlrabi durch Senfölglykoside – ätherische Öle.

GARZEIT: ganze Kohlrabi 20–30 Minuten, in Stücken maximal 20 Minuten

---

BESONDERHEITEN/TIPPS: Die Kohlrabiblätter können wie Spinat oder Mangold zubereitet werden.

SCHMECKT BESONDERS GUT ZU ODER IN: Kohlrabi wird geschält und in Scheiben oder Stücken gekocht oder gedünstet. Weiterhin schmeckt Kohlrabi sehr gut in Eintöpfen und Suppen, als Püree oder Beilage sowie für Füllungen und Aufläufe. Auch paniert und gebraten ist Kohlrabi eine tolle Schnitzel-Alternative. Die zarten Blätter des Kohlrabis sollten vor der Aufbewahrung entfernt und klein gehackt zur Verfeinerung des Gerichts oder für Salate verwendet werden.

SAISON: von Juni bis November heimische Freilandware

EINKAUF: Beim Kauf von Kohlrabi darauf achten, dass er ganz frisch und nicht geplatzt ist sowie die Blätter frisch und grün sind. Die Knollen sollten nicht holzig sein. Der Anschnitt sollte hellgrün und ebenfalls frisch sein.

LAGERUNG: im Gemüsefach des Kühlschranks bis zu 1 Woche, in ein feuchtes Küchentuch eingewickelt sogar bis zu 4 Wochen haltbar.

SCHWEINESTEAKS MIT KOHLRABI-BIRNEN-COLE-SLAW

Für 4 Personen
Zubereitung: 25 Minuten
Schwierigkeit: einfach

¼ Bund Schnittlauch
40 g Walnusskerne
1 Zitrone
200 g saure Sahne
2 EL Salatmayonnaise
Salz
frisch gemahlener schwarzer Pfeffer
2 Kohlrabi
2 große Karotten
2 Birnen
4 Schweinesteaks (à ca. 200 g)

Außerdem
Baguette

1. Für das Dressing Schnittlauch waschen, trocken schütteln und in feine Röllchen schneiden. Walnusskerne fein hacken, Zitrone halbieren und den Saft auspressen. Schnittlauch, Walnusskerne und Saft mit saurer Sahne und Mayonnaise verrühren, mit Salz und Pfeffer würzen.

2. Kohlrabi und Karotten schälen und waschen. Birnen schälen, vierteln und von den Kerngehäusen befreien. Kohlrabi, Karotten und Birnen raspeln. Mit dem Dressing vermischen und den Salat bis zum Servieren kalt stellen.

3. Steaks trocken tupfen und auf dem Grill (alternativ unter dem Backofengrill) auf jeder Seite 2–3 Minuten grillen. Mit Salz und Pfeffer würzen. Kohlrabi-Birnen-Cole-Slaw mit den gegrillten Schweinesteaks auf Tellern anrichten und nach Belieben mit knusprigem Baguette servieren.

Rosenkohl

AUSSEHEN: Rund um den Stamm der etwa einen Meter hohen Pflanze wachsen Blätter, in deren Achseln sich zwischen 20 und 40 walnussartige Röschen bilden. Diese sind kompakt, grün-weiß.

GESCHMACK: Aromatisch-kräftig, schmeckt nicht jedem. Nach dem ersten Frost bekommt er eine mildere, etwas süßlichere, leicht nussige Note.

GARZEIT: 12–16 Minuten

BESONDERHEITEN/TIPPS: Rosenkohl ist ein verhältnismäßig junges Gemüse: Es wird erst seit etwa 200 Jahren angebaut und stammt ursprünglich aus Belgien, daher auch sein Beiname »Brüsseler Kohl«. Rosenkohl wird großflächig angebaut – am meisten in den Niederlanden, von dort kommen auch zirka 90 Prozent der deutschen Importe. Aber auch in Belgien, Großbritannien, Deutschland und Frankreich züchtet man ihn. Damit ist Rosenkohl eine der wenigen in Nordeuropa kultivierten Gemüsesorten.

SCHMECKT BESONDERS GUT ZU ODER IN: Roh ist Rosenkohl ungenießbar. Ein kreuzförmiges Einschneiden der Strünke führt zu einem gleichmäßigen Garvorgang. Besonders lecker als Beilage nur in Butter geschwenkt oder mit heller Sauce, aber auch als Cremesuppe, Auflauf oder im Eintopf. Besonders fein schmecken die nur kurz gedünsteten einzelnen Rosenkohlblättchen.

SAISON: am besten nach dem ersten Frost, Hauptsaison November bis Januar

---

EINKAUF: kleine, feste, geschlossene Köpfe

LAGERUNG: im Gemüsefach des Kühlschranks einige Tage bis zu 1 Woche haltbar.

ROSENKOHLSÜPPCHEN MIT KAROTTENSTROH

Für 4 Personen
Zubereitung: 40 Minuten
Schwierigkeit: einfach

- 400 g Rosenkohl
- 1 Petersilienwurzel
- 1 Schalotte
- 1 kleines Stück Ingwer (ca. 2 cm)
- 1 Stängel Estragon
- 1 EL Rapsöl
- 100 ml Weißwein
- 700 ml Gemüsebrühe
- 2 EL Sesamsamen
- 1 große Karotte
- 1 TL Weizenmehl (Type 405)
- Pflanzenöl zum Ausbacken der Karottenstreifen
- 100 g Sahne
- 1–2 TL Honig
- Salz
- frisch gemahlener schwarzer Pfeffer
- frisch gemahlene Muskatnuss

1. Rosenkohl putzen, waschen und vierteln. Petersilienwurzel schälen, waschen und würfeln. Schalotte abziehen, Ingwer schälen und beides fein würfeln. Estragon waschen, trocken schütteln, Blättchen abzupfen und fein hacken.

2. Rapsöl bei mittlerer Temperatur erhitzen. Rosenkohl, Petersilienwurzel, Schalotte, Ingwer und Estragon darin anschwitzen. Weißwein und Brühe angießen, alles aufkochen und bei reduzierter Temperatur abgedeckt etwa 20 Minuten garen.

3. Sesam in einer beschichteten Pfanne ohne Fett rösten. Karotte schälen, waschen, in feine Streifen schneiden und mit Mehl bestauben. Pflanzenöl bei hoher Temperatur erhitzen (an einem Holzstab sollten Bläschen aufsteigen). Karottenstreifen darin kurz knusprig ausbacken und auf Küchenpapier abtropfen lassen.

4. Suppe pürieren, mit Sahne verfeinern und mit Honig, Salz, Pfeffer und Muskat abschmecken. Rosenkohlsüppchen in Tassen oder Teller füllen, mit Sesam sowie Karottenstroh garniert, servieren.

Rotkohl

AUSSEHEN: Blaukraut, Rotkraut, Rotkohl – auch wenn der beliebte Kohl je nach Region ein bisschen anders heißt: Immer steckt im Namen der deutliche Hinweis auf seine typische Farbe, die je nach Bodenbeschaffenheit und Zubereitung von rot bis violett reicht.

GESCHMACK: süßlicher, milder Kohlgeschmack

GARZEIT: klassisch als Gemüse gegart 35–45 Minuten

BESONDERHEITEN/TIPPS: Süße Zutaten färben den Rotkohl ins Blauviolette, säurereiche Zutaten dagegen machen ihn rötlicher. Grund sind die natürlichen Farbstoffe namens Anthocyane im Kohl, die auf das Säure-Base-Verhältnis mit Veränderungen reagieren.

SCHMECKT BESONDERS GUT ZU ODER IN: Rotkohl ist der Klassiker zu herbstlichen und winterlichen Braten wie Ente, Gans, Wild und Bratwurst. Kombiniert mit Zwiebeln, Äpfeln, Ananas, Maronen oder Esskastanien, passt Rotkohl aber auch prima in die vegetarische Küche und lässt sich z. B. wunderbar für knackige Salate, Auflauf und sogar für einen gesunden Smoothie einsetzen.

SAISON: Frischen Rotkohl kann man das ganze Jahr über kaufen, denn frühe Sorten werden schon ab Juni geerntet. Trotzdem startet die Hauptsaison für Rotkohl im Herbst, von September bis November kommt der sogenannte Dauerkohl von den Feldern, der eingelagert wird und bis in den Sommer angeboten wird.

EINKAUF: Ein Kohlkopf kann zwischen 500 g und gut 2 kg wiegen. Heller Belag auf den äußeren Blättern ist kein Zeichen für mangelnde Qualität, sondern typisch bei Rotkohl. Die Blätter sollten aber schön knackig und fest sein. Häufig wird Rotkohl auch ohne diese Außenblätter verkauft, dann hilft ein sanfter Drucktest: Fühlt sich das Gemüse fest an, ist es ganz frisch.

LAGERUNG: Frischer Rotkohl hält sich im Ganzen im Gemüsefach des Kühlschranks problemlos bis zu 3 Wochen. Auch schon angeschnittene Köpfe bleiben wochenlang frisch, wenn sie mit Folie abgedeckt werden.

GÄNSEBRUST MIT GRANATAPFEL-ORANGEN-ROTKOHL

Für 4 Personen
Zubereitung: 40 Minuten plus Garzeit von Gänsebrust und Rotkohl
Schwierigkeit: mittel

Für Gänsebrust und Sauce

- 1 kg Gänsebrust mit Knochen
- Salz
- frisch gemahlener schwarzer Pfeffer
- 1 Zwiebel
- 4 Beifußspitzen
- 2–3 EL dunkler Saucenbinder

Für den Rotkohl

- 1 Granatapfel
- 1 kg Rotkohl
- 1 EL Butterschmalz
- 1 rote Zwiebel
- 150 ml (Blutorangen-)Saft
- 4 EL Apfelessig
- 3 EL Orangenkonfitüre
- 1 Brühwürfel
- 2 EL Zucker
- Salz
- frisch gemahlener bunter Pfeffer
- 2 säuerliche Äpfel (z. B. Boskop, Cox Orange)

Außerdem

- Kroketten oder Kartoffelknödel

1. Für die Gänsebrust den Backofen auf 200 °C Ober- und Unterhitze (180 °C Umluft) vorheizen. Gänsebrust waschen, trocken tupfen, mit Salz und Pfeffer würzen. Mit der Hautseite nach unten in einen großen Bräter legen, 500 ml Wasser angießen und im vorgeheizten Backofen auf der mittleren Schiene etwa 30 Minuten garen. Zwiebel abziehen und würfeln. Beifuß waschen, trocken schütteln und grob hacken. Gänsebrust wenden, Zwiebel und Beifuß dazugeben und weitere 30 Minuten garen, dabei zwischendurch mit dem Bratensud begießen.

2. Für den Rotkohl den Granatapfel halbieren, die Kerne herauslösen und den Saft dabei auffangen. Rotkohl putzen, waschen und in feine Streifen hobeln. Schmalz bei mittlerer Temperatur erhitzen und den Rotkohl darin anschwitzen. Zwiebel abziehen, fein würfeln und mit anschwitzen. Orangensaft, Essig, 2 EL Konfitüre, Brühwürfel, Zucker, 1 ¾ TL Salz und ½ TL Pfeffer dazugeben, alles aufkochen und bei reduzierter Temperatur abgedeckt etwa 1 Stunde 10 Minuten garen.

3. Äpfel schälen, vierteln, von den Kerngehäusen befreien und würfeln. Mit in den Bräter zur Gänsebrust geben und alles weitere 20 Minuten garen. Die Haut der Gänsebrust mit übriger Orangenkonfitüre bestreichen und nochmals 10 Minuten garen.

4. Gänsebrust herausnehmen und warm stellen. Den Bratensud in einen kleinen Topf geben (eventuell das Fett abschöpfen) und etwa 150 ml Wasser angießen. Sauce mit Saucenbinder andicken und abschmecken. Gänsefleisch vom Knochen lösen, mit Sauce und Rotkohl auf Tellern anrichten und servieren. Dazu schmecken knusprige Kroketten oder Semmelknödel.

Schwarzkohl

AUSSEHEN: Schwarzkohl ist ein enger Verwandter des Grünkohls. Die Blätter sind jedoch deutlich dunkler, länger und weniger kraus und ähneln eher länglichen Wirsingblättern. Aufgrund des aufstrebenden Wuchses wird dieser auch Palmkohl genannt.

GESCHMACK: Der Geschmack ist kräftig, allerdings milder als der des Grünkohls und erinnert an Brokkoli.

GARZEIT: je nach Rezept bis zu 30 Minuten

BESONDERHEITEN/TIPPS: Die Rippen sind vor allem bei älteren Exemplaren sehr hart und eher ungenießbar. Sie sollten vor der Zubereitung entfernt werden.

SCHMECKT BESONDERS GUT ZU ODER IN: Schwarzkohl kann ähnlich zubereitet werden wie Spinat (dünsten oder schmoren), benötigt aber eine etwas längere Garzeit. Junge Exemplare können jedoch auch roh gegessen werden. Schwarzkohl eignet sich für herzhafte Eintöpfe oder als Beilage zu Fleisch.

SAISON: Juni bis Oktober

EINKAUF: Schwarzkohl bildet im Gegensatz zu Grünkohl oder Wirsing nur sehr selten einen Kopf. Die Blätter werden lose auf dem Markt angeboten. Beim Einkauf sollte man auf junge, kleinblättrige, feste Blätter achten, da diese am zartesten sind.

LAGERUNG: bis zu 1 Woche im Gemüsefach des Kühlschranks haltbar

PULLED-HAXEN-BAGUETTE MIT SCHWARZKOHL

Für 4 Personen
Zubereitung: 35 Minuten plus Garzeit der Haxen
Schwierigkeit: einfach

- 700 g vorgegarte Mini-Haxen (aus dem Kühlregal)
- 1 kleiner Schwarzkohl
- Salz
- 5 EL Rapsöl
- 2–3 EL Branntweinessig
- 2–3 TL flüssiger Honig
- frisch gemahlener schwarzer Pfeffer
- 8 Scheiben Schwarzwälder Schinken
- 100 g Grill- oder BBQ-Sauce
- 60 g Bergkäse
- 200 g saure Sahne
- 1 TL mittelscharfer Senf
- 4 Baguettebrötchen

1. Für die Haxen den Backofen auf 200 °C Ober- und Unterhitze (180 °C Umluft) vorheizen. Haxen in eine Auflaufform legen, etwa 200 ml Wasser angießen und die Haxen im vorgeheizten Backofen auf der mittleren Schiene etwa 1 Stunde–1 Stunde 20 Minuten garen. Währenddessen mehrfach mit dem Bratensaft begießen.

2. Schwarzkohl putzen, waschen, trocken schütteln und in sehr feine Streifen schneiden. Mit ¾ TL Salz und 1 EL Öl gut verkneten.
Für das Dressing Essig, 3 EL Öl und Honig verrühren, mit ¼ TL Salz und ¼ TL Pfeffer würzen. Dressing mit den Schwarzkohlstreifen vermischen und kurz marinieren.

3. Schinkenscheiben eventuell halbieren und in dem übrigen, bei mittlerer Temperatur erhitzten Öl knusprig braten. Haxenfleisch vom Knochen lösen, in Stücke zupfen (pullen) und mit der Grillsauce gut vermischen.

4. Käse raspeln, mit saurer Sahne und Senf verrühren. Brötchen quer aufschneiden, mit der Senf-Käse-Creme bestreichen und wie folgt belegen: marinierter Schwarzkohl, Haxenfleisch und Schinken. Mit dem übrigen Schwarzkohl servieren.

TIPP

Wenn Sie keinen Schwarzkohl bekommen, können Sie auch Weißkohl oder Spitzkohl nehmen.

Weißkohl

AUSSEHEN: fest geschlossener, großer runder Kohlkopf; weiß-gelbliche, eng aneinanderliegende Blätter mit starken Mittelrippen.

GESCHMACK: intensiver, leicht süßlicher Kohlgeschmack

GARZEIT: in Stücken oder Streifen 5–7 Minuten, als Rouladen bis zu 1 ½ Stunden

BESONDERHEITEN/TIPPS: Regional als Weißkraut oder Kappes bekannt. Die am häufigsten angebaute Kohlsorte. Galt früher aufgrund des unkomplizierten Anbaus und der Robustheit als »Arme-Leute-Essen«, heute sehr vielseitige Verwendung.

SCHMECKT BESONDERS GUT ZU ODER IN: Weißkohlsalat »Cole Slaw«, bayrisches Sauerkraut, in Eintöpfen, Aufläufen oder ganz klassisch als Kohlrouladen

SAISON: klassisches Herbst-Winter-Gemüse, Ernte September bis November. Durch die Züchtung neuer Sorten inzwischen aber fast ganzjährig erhältlich.

EINKAUF: Der Kohlkopf sollte fest und knackig sein und die Oberfläche keine weichen Stellen haben.

LAGERUNG: kühl und dunkel gelagert bis zu mehreren Wochen, angeschnittenen Kohl mit Folie abdecken und innerhalb weniger Tage aufbrauchen

WEISSKOHL-GULASCH-TOPF

Für 4 Personen
Zubereitung: 35 Minuten plus Garzeit des Gulaschs
Schwierigkeit: einfach

- 500 g Rindergulasch
- 500 g Schweinegulasch
- 1 Zwiebel
- 1 EL Butterschmalz
- 2 EL Tomatenmark
- 200 ml Rotwein
- 600 ml Rinderbrühe
- 1 TL Paprikapulver edelsüß
- 1 TL Paprikapulver rosenscharf
- ¼ TL Kümmelpulver
- 1 kleiner Weißkohl (700–800 g)
- 2 große Karotten
- 300 g Kirschtomaten
- 100 g Cornichons aus dem Glas

Außerdem
- Landbrot

1. Gulasch trocken tupfen, Zwiebel abziehen und würfeln. Butterschmalz bei mittlerer bis hoher Temperatur erhitzen und Gulasch darin portionsweise jeweils etwa 10 Minuten rundum anbraten. Zwiebel und Tomatenmark dazugeben und anrösten. Wein, Brühe, Paprika und Kümmel zufügen, alles bei reduzierter Temperatur abgedeckt etwa 30 Minuten schmoren.

2. Weißkohl putzen, waschen und in Streifen schneiden. Karotten schälen, waschen und würfeln. Tomaten waschen und halbieren. Weißkohl, Karotten und Tomaten zum Gulasch geben und alles abgedeckt 1 weitere Stunde schmoren. Dabei gelegentlich umrühren und je nach gewünschter Konsistenz eventuell noch etwas Wasser angießen.

3. Kurz vor Ende der Garzeit Cornichons in Scheiben schneiden, zum Gulasch geben und mit erhitzen. Gulasch nochmals abschmecken, auf Tellern anrichten und nach Belieben mit Landbrot servieren.

Wirsing

AUSSEHEN: zart bis kräftig grüne, lockere und krause Blätter

GESCHMACK: Die Blätter sind zarter und haben ein feineres Kohlaroma als Weiß- und Rotkohl. Das gilt für Wirsingkohl allgemein, besonders aber für den hellgrünen und besonders zarten jungen Frühwirsing und für Sommerwirsing. Späte Sorten bzw. sogenannter Herbst- und Dauerwirsing ist in Konsistenz, Farbe und Aroma deutlich kräftiger.

GARZEIT: Bei jungem Wirsingkohl reichen maximal 15 Minuten, bei der Winterversion genügen etwa 25 Minuten.

BESONDERHEITEN/TIPPS: Damit Wirsing leichter verdaulich wird, einfach Kümmel-, Fenchel- und Dillsamen oder Anis mitgaren.

SCHMECKT BESONDERS GUT ZU ODER IN: Wirsingkohl eignet sich ideal als Hülle für eine Geflügelfüllung oder für vegetarische Wirsingrouladen. Klassisch wird Wirsing für die Zubereitung von Pichelsteiner Eintopf verwendet oder auch in deftigen Aufläufen sowie als Beilage in würzigen, hellen Saucen kombiniert.

SAISON: Der erste Wirsingkohl des Jahres heißt kurioserweise »Adventswirsing« und wird schon im April geerntet. Frühwirsing und Sommerwirsing kommen ab Mai auf den Markt; die Ernte von Herbstwirsing startet im August und dauert je nach Wetter und Region bis in den Februar. Von März bis Mai ist das Angebot an Wirsingkohl etwas eingeschränkter, aber auch dann gibt es dank spezieller Lagerung noch frische Köpfe.

EINKAUF: Achten Sie bei Wirsingkohl darauf, dass die Köpfe sich locker öffnen und an nicht zu langen Stielen sitzen. Gelbliche Verfärbungen und angewelkte Blätter sind tabu, der Kohl sollte schön grün aussehen. Frischer Wirsing raschelt, wenn er leicht geschüttelt wird.

LAGERUNG: Im Gemüsefach des Kühlschranks bleibt frischer Wirsingkohl gut 2–3 Tage frisch und knackig.

WIRSINGROULADEN MIT PUTEN-STEINPILZ-FÜLLUNG

Für 4 Personen
Zubereitung: 1 Stunde plus Back- und Garzeiten
Schwierigkeit: mittel

- 1 kg vorwiegend festkochende Kartoffeln
- Salz
- 100 g Steinpilze
- 1 Wirsing
- 300 g Putenbrust
- frisch gemahlener schwarzer Pfeffer
- 4 EL Pflanzenöl
- 200 g Kirschtomaten
- 2 Schalotten
- 1 EL Tomatenmark
- 700 ml Geflügelbrühe
- 1 EL Butter
- 2–3 EL dunkler Saucenbinder
- 1–2 TL süßer Senf

Außerdem

- Küchengarn

1. Von den Kartoffeln 300 g schälen, waschen, in Stücke schneiden und in Salzwasser etwa 15 Minuten garen. Steinpilze putzen und in kleine Stücke schneiden.

2. Vom Wirsing acht große Blätter ablösen, waschen und den Strunk herausschneiden. Die Blätter in kochendem Wasser etwa 5 Minuten blanchieren, abtropfen und etwas abkühlen lassen. Je zwei Wirsingblätter leicht überlappend aufeinanderlegen.

3. Für die Füllung Putenbrust waschen, trocken tupfen und fein würfeln. Kartoffeln abgießen, ausdampfen lassen und zerdrücken. Mit Putenbrust und Pilzen vermischen, mit ¾ TL Salz und ¼ TL Pfeffer würzen. Füllung auf Wirsingblättern verteilen und dabei einen Rand frei lassen. Die Wirsingblätter aufrollen, dabei die Ränder nach innen einschlagen und die Röllchen mit Küchengarn fixieren. 2 EL Öl bei mittlerer Temperatur erhitzen und die Wirsingrouladen darin rundum etwa 10 Minuten anbraten.

4. Tomaten waschen, Schalotten abziehen und fein würfeln. Tomaten und Schalotten zu den Wirsingrouladen geben und ebenfalls anbraten. Tomatenmark zufügen, 500 ml Brühe angießen und alles bei leicht reduzierter Temperatur abgedeckt 40 Minuten schmoren.

5. Backofen auf 200 °C Ober- und Unterhitze (180 °C Umluft) vorheizen. Restliche Kartoffeln vierteln, mit übrigem Öl, ¾ TL Salz und ¾ TL Pfeffer vermischen. Auf einem Backblech verteilen und im vorgeheizten Backofen auf der mittleren Schiene 30–35 Minuten garen.

6. Den übrigen Wirsing in Streifen schneiden. Die Butter bei geringer bis mittlerer Temperatur erhitzen und den Wirsing darin anschwitzen. Die übrige Brühe angießen, alles aufkochen und bei mittlerer Temperatur abgedeckt etwa 20 Minuten (je nach gewünschter Konsistenz) garen.

7. Wirsingrouladen aus dem Ofen nehmen, den Bratenfond mit Saucenbinder andicken und mit Salz, Pfeffer und Senf abschmecken. Wirsingrouladen mit Sauce, übrigem Wirsing und Kartoffeln auf Tellern anrichten und servieren.

Spitzkohl

AUSSEHEN: Spitz zulaufender kegelartiger Kopf, daher auch der Name, mit zarten hellgrünen Blättern.

GESCHMACK: milder dezenter Kohlgeschmack, erinnert leicht an Kohlrabi, verträglicher als andere Kohlsorten

---

GARZEIT: 8–10 Minuten als Beilage

BESONDERHEITEN/TIPPS: »kleiner Bruder« des Weißkohls, aber zarter und milder im Geschmack; erste Kohlsorte des Jahres im Frühjahr

---

SCHMECKT BESONDERS GUT ZU ODER IN: Eintöpfen und Aufläufen, aber auch als Rouladen und knackiger Salat. Besonders gut schmeckt Spitzkohl auch in vegetarischen Pfannengerichten oder in Kombination mit Pasta. Als Beilage, gewürzt mit mildem Speck, einem Hauch Kümmel und Pfeffer, passt Spitzkohl sehr gut zu vielerlei Fleischgerichten.

SAISON: Mai bis Dezember

EINKAUF: frische, knackige Köpfe mit zart grünen Blättern ohne bräunliche Stellen

LAGERUNG: in ein feuchtes Tuch eingewickelt, 2–5 Tage im Gemüsefach des Kühlschranks haltbar

LAMM-SPITZKOHL-TOPF MIT PETERSILIENSAHNE

Für 4 Personen
Zubereitung: 1 Stunde
Schwierigkeit: einfach

- 2 Stängel Kerbel
- 2 Zweige Bohnenkraut
- ¼ Bund Petersilie
- 1 Spitzkohl
- 1 kleiner Blumenkohl
- 1 Kohlrabi
- 500 g vorwiegend festkochende Kartoffeln
- 400 g Lammfleisch
- 3 EL Rapsöl
- 750 ml Lammfond
- 2 Scheiben Landbrot
- 200 g Sahne
- Salz
- frisch gemahlener bunter Pfeffer

1. Kräuter waschen, trocken schütteln, Blättchen abzupfen und separat fein hacken. Spitzkohl putzen und in Streifen schneiden, Blumenkohl putzen und in kleine Röschen zerteilen. Kohlrabi sowie Kartoffeln schälen und waschen. Kohlrabi in Stifte schneiden und Kartoffeln würfeln.

2. Lammfleisch waschen, trocken tupfen und würfeln. 2 EL Öl bei mittlerer Temperatur erhitzen und das Lamm darin anbraten. Spitzkohl, Blumenkohl, Kohlrabi und Kartoffeln dazugeben und ebenfalls anbraten.

3. Lammfond angießen, Kerbel und Bohnenkraut zufügen. Alles aufkochen und bei mittlerer Temperatur abgedeckt 25–30 Minuten garen. Landbrot würfeln und im übrigen erhitzten Öl knusprig rösten.

4. Sahne leicht anschlagen und Petersilie untermischen. Eintopf mit der Hälfte der Petersiliensahne verfeinern sowie mit Salz und Pfeffer abschmecken. Lamm-Spitzkohl-Topf in Suppenbowls oder in tiefen Tellern anrichten. Mit der übrigen Petersiliensahne und Landbrot-Croûtons garniert, servieren.

Butternut

AUSSEHEN: birnenförmiger Kürbis mit leicht gelblicher bis beige-brauner, glatter oder genoppter Schale; zartes, helloranges Fruchtfleisch, wird in Größen von 200 g bis 2 kg angeboten

---

GESCHMACK: nussig, buttrig, mit einer dezenten Süße

GARZEIT: in Streifen zubereitet nur wenige Minuten, im Backofen bis zu 30 Minuten, je nach Zubereitung

---

BESONDERHEITEN/TIPPS: Wird wegen seiner Form auch Birnenkürbis genannt. Am aromatischsten bei einer Länge von 20–30 cm und am unteren Ende mit einem Durchmesser von 10–12 cm.

SCHMECKT BESONDERS GUT ZU ODER IN: Pürees in Kombination mit weiterem Gemüse, aber auch für Suppen und Eintöpfe. Sowie in Spalten im Ofen gegart oder als Zoodles als Nudelersatz für Low-Carb-Gerichte. Köstlich auch in süßem Gebäck und Brot sowie in Salaten.

SAISON: September bis November

EINKAUF: gleichmäßige, unversehrte Schale und Stiel

LAGERUNG: Der ganze Kürbis hält sich kühl und trocken gelagert mehrere Monate, zerlegt im Kühlschrank bis zu 1 Woche.

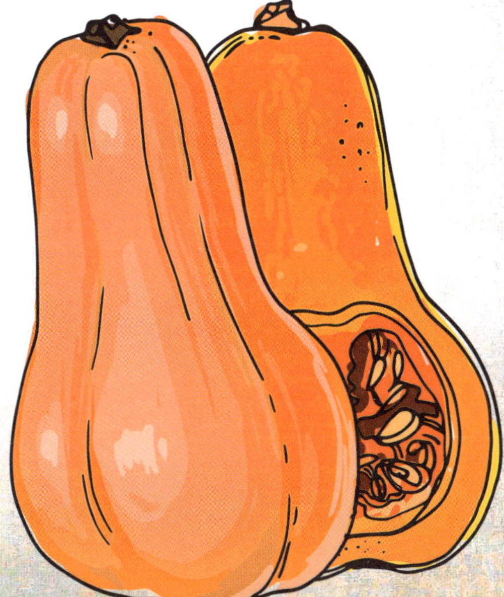

BUTTERNUT-KÜRBIS-POMMES MIT BBQ-KETCHUP UND KRÄUTER-SOUR-CREAM

Für 4 Personen
Zubereitung: 1 Stunde 10 Minuten
Schwierigkeit: einfach

Für den BBQ-Ketchup

300 g reife Tomaten
1 Zwiebel
1 Knoblauchzehe
1 EL Rapsöl
1–2 EL brauner Rohrzucker
2 EL Tomatenmark
100 ml Gemüsebrühe
2 EL Honig
2 EL Zitronensaft
1–2 EL heller Balsamicoessig
Salz
frisch gemahlener schwarzer Pfeffer

Für die Kräuter-Sour-Cream

1 kleine Zwiebel
1 Knoblauchzehe
¼ Bund Schnittlauch
¼ Bund Kerbel
50 g Mayonnaise
50 g Magerquark
50 g Crème fraîche
50 g saure Sahne
Salz
frisch gemahlener schwarzer Pfeffer

Für die Butternut-Kürbis-Pommes

1 Butternut-Kürbis
5 EL Pflanzenöl
Salz
Paprikapulver edelsüß
Paprikapulver rosenscharf

1. Für den Ketchup Tomaten waschen, halbieren und von den Stielansätzen befreien. Zwiebel und Knoblauch abziehen, beides fein würfeln. Das Öl bei mittlerer Temperatur erhitzen, Tomaten, Zwiebel und Knoblauch darin anbraten. Mit Zucker bestreuen und leicht karamellisieren. Tomatenmark, Brühe, Honig, Zitronensaft und Essig zufügen. Alles aufkochen und den Ketchup bei reduzierter Temperatur 10–15 Minuten dicklich einkochen. Ketchup pürieren und mit Salz und Pfeffer abschmecken.

2. Für die Kräuter-Sour-Cream Zwiebel und Knoblauch abziehen, Zwiebel fein würfeln und Knoblauch zerdrücken. Schnittlauch und Kerbel waschen, trocken schütteln, vom Kerbel die Blättchen abzupfen und fein hacken, Schnittlauch in Röllchen schneiden. Zwiebel, Knoblauch und Kräuter mit Mayonnaise, Quark, Crème fraîche und saurer Sahne, verrühren, mit Salz und Pfeffer würzen.

3. Für die Pommes den Backofen auf 200 °C Ober- und Unterhitze (180 °C Umluft) vorheizen. Kürbis schälen, halbieren und von Kernen sowie Fasern befreien. Das Fruchtfleisch in große Stifte schneiden. Kürbisstifte mit dem Öl vermischen und auf einem mit Backpapier belegten Backblech verteilen. Im vorgeheizten Backofen auf der mittleren Schiene 20–25 Minuten knusprig backen, dabei zwischendurch mehrfach wenden. Pommes mit Salz und Paprika würzen. Mit dem homemade Ketchup und Kräuter-Sour-Cream servieren.

TIPP

Der Kürbis lässt sich leichter schälen und schneiden, wenn er zuvor etwa 15 Minuten in heißes Wasser gelegt wird.

Hokkaido

AUSSEHEN: kleiner Kürbis mit dunkeloranger Schale, teilweise gibt es auch Sorten mit dunkelgrüner Schale, und hell- bis dunkelorangem Fruchtfleisch, Gewicht zwischen 1–3 kg

GESCHMACK: aromatisch, leicht nussig-kernig

GARZEIT: je nach Zubereitung 5 Minuten bis zu 1 Stunde (gefüllter Kürbis)

BESONDERHEITEN/TIPPS: Der Kürbis muss nicht geschält werden, beim Kochen wird die Schale so weich wie das Fruchtfleisch. Um zu testen, ob der Kürbis den optimalen Reifegrad hat, mit den Fingern leicht auf den Kürbis klopfen; das Geräusch sollte sich hohl anhören.

SCHMECKT BESONDERS GUT ZU ODER IN: Als ganzer Kürbis mit einer würzigen Füllung. Aber auch roh in Salaten, als Püree, als Spalten oder Pommes aus dem Backofen. Außerdem verleiht der Kürbis Gerichten wie Quiche und Aufläufen nicht nur eine ansprechende Farbe, sondern auch einen sehr aromatischen Geschmack. Selbst für Brot und Gebäck wird Hokkaido gerne eingesetzt.

SAISON: September bis November

EINKAUF: gleichmäßige, unversehrte Schale und Stielansatz

LAGERUNG: Der ganze Kürbis hält sich kühl und trocken gelagert mehrere Monate, zerlegt im Kühlschrank bis zu 1 Woche.

KALBSFILET MIT KÜRBISKRUSTE MIT KÜRBIS-»SPAGHETTI«

Für 4 Personen
Zubereitung: 50 Minuten
Schwierigkeit: mittel

- 800 g Kalbsfilet
- Meersalz
- frisch gemahlener schwarzer Pfeffer
- 4 EL Rapsöl
- 1 Kürbis (etwa Hokkaido)
- 1 Schalotte
- 100 g roher Schinken
- ¼ Bund Kerbel
- 6 EL Paniermehl
- 80 g weiche Butter
- 100 g Crème fraîche

1. Filet trocken tupfen und in vier Portionen schneiden, mit Salz und Pfeffer würzen. 2 EL Öl bei mittlerer bis hoher Temperatur erhitzen und das Filet darin auf jeder Seite 2–3 Minuten anbraten, herausnehmen.

2. Kürbis waschen, halbieren, von Kernen und Fasern befreien. Den Kürbis in schmale Spalten und anschließend etwa ⅔ davon mit einem Spiralschneider (alternativ mit einem Sparschäler oder scharfen Messer) in feine Streifen (»Spaghetti«) schneiden. Die übrigen Spalten fein würfeln. Schalotte abziehen und fein würfeln, Schinken ebenfalls fein würfeln. Mit den Kürbiswürfeln im verbliebenen Bratfett des Kalbsfilets anbraten.

3. Den Backofen auf 200 °C Ober- und Unterhitze (180 °C Umluft) vorheizen. Kerbel waschen, trocken schütteln, die Blättchen abzupfen und fein hacken. Mit Paniermehl und Butter unter die Kürbiswürfel mischen, mit ¼ TL Salz und ¼ TL Pfeffer würzen. Mischung auf dem Filet verteilen, etwas andrücken. Filet in eine Auflaufform legen und im vorgeheizten Backofen auf der mittleren Schiene 15–20 Minuten garen.

4. Das übrige Öl bei mittlerer Temperatur erhitzen und die Kürbis-»Spaghetti« darin 1–2 Minuten braten. Mit Crème fraîche verfeinern und mit Salz sowie Pfeffer abschmecken. Filet mit Kürbis-»Spaghetti« auf Tellern anrichten und servieren.

Muskatkürbis

AUSSEHEN: Meist großer runder, flacher Kürbis zunächst mit dunkelgrüner, im reifen Zustand mit hellbraun-orange gerippter Schale, gelb bis orange-rotes Fruchtfleisch. Der Kürbis kann bis zu 40 kg schwer werden. Daher wird dieser oft schon in Stücken angeboten.

GESCHMACK: angenehm würzig, leicht säuerlich und fein nach Muskat

GARZEIT: etwa 15 Minuten für eine Verwendung als Suppe, bis zu 50 Minuten im Backofen

BESONDERHEITEN/TIPPS: Muskatkürbis hat eine weiche Schale und weniger Kerne als die meisten anderen Kürbissorten. Die Kürbiskerne nicht entsorgen, sondern geröstet als Snack servieren. Dafür gewaschene Kürbiskerne mit Öl, Salz, Curry oder Pfeffer und Chili vermischen und im Backofen rösten.

SCHMECKT BESONDERS GUT ZU ODER IN: Schmeckt sehr gut roh in Salaten oder als Rohkost. Ideal auch zur Zubereitung von Chutneys, klassisch als Cremesuppe sowie in Pfannengerichten, Aufläufen und Gratins. Sehr beliebt ist es auch, den Kürbis mit aromatischen Gewürzen und Kräutern süß-sauer einzulegen.

SAISON: August bis November

EINKAUF: Wenn die Schale des Kürbisses satt dunkelgrün ist, dann ist er noch nicht ganz ausgereift und schmeckt am besten. Während des Reifeprozesses verändert sich die Schale nämlich von dunkelgrün bis zu einem Orange-Beigeton.

LAGERUNG: Der ganze Kürbis hält sich kühl und trocken gelagert mehrere Monate, zerlegt im Kühlschrank bis zu 1 Woche. Wenn der Kürbis bei einer Klopfprobe mit den Fingern dumpf klingt, beginnt dieser zu verderben.

KÜRBIS-BOHNEN-SALAT MIT WALNUSS-DRESSING

Für 4 Personen
Zubereitung: 35 Minuten
Schwierigkeit: einfach

- je 250 g Wachsbohnen und Stangenbohnen
- Salz
- 600 g Muskatkürbis-Fruchtfleisch (ohne Schale)
- 4 EL Walnussöl
- 30 g Kürbiskerne
- frisch gemahlener schwarzer Pfeffer
- 1 Zweig Rosmarin
- 2 Zweige Thymian
- 200 g Ziegenkäserolle
- 2 TL flüssiger Honig
- 50 g Walnusskerne
- 3 EL Rapsöl
- 100 ml Apfelsaft
- 1 TL mittelscharfer Senf
- 2 rote Zwiebeln
- 200 g Feldsalat
- 1 kleines Walnuss-Baguette

1. Bohnen putzen, waschen und große Bohnen halbieren. Separat in Salzwasser (Stangenbohnen 15–20 Minuten, Wachsbohnen 8–10 Minuten) kochen, abschrecken und abtropfen lassen.

2. Den Backofen auf 200 °C Ober- und Unterhitze (Umluft 180 °C) vorheizen. Kürbis grob würfeln, mit 2 EL Walnussöl und Kürbiskernen vermischen. Mit Salz und Pfeffer würzen und in einer Auflaufform verteilen. Kräuter waschen, trocken schütteln und dazulegen. Kürbis im vorgeheizten Backofen auf der mittleren Schiene 20–25 Minuten garen.

3. Ziegenkäserolle in Scheiben schneiden und in eine weitere Auflaufform legen. Mit 1 TL Honig dünn beträufeln und 5–7 Minuten mit in den Backofen stellen.

4. Für das Dressing die Walnusskerne grob hacken und in einer kleinen beschichteten Pfanne ohne Fett rösten. Übriges Walnussöl, Rapsöl, Apfelsaft, übrigen Honig sowie Senf verrühren, mit Salz und Pfeffer würzen. ⅓ des Dressings mit den Bohnen und ⅓ mit den Kürbisstücken vermischen, beides kurz marinieren.

5. Zwiebeln abziehen und in dünne Ringe schneiden. Feldsalat waschen, trocken schütteln und mit dem übrigen Dressing vermischen. Feldsalat mit Zwiebeln, Kürbis und Bohnen auf Tellern anrichten, Ziegenkäse darauflegen und mit Walnuss-Baguette servieren.

TIPP

Kürbis mit Schale in Spalten schneiden und mit einem scharfen Sparschäler schälen.

Pattison

AUSSEHEN: 10–25 cm kleiner Kürbis, Form erinnert an ein UFO. Farbe von grün bis gelb oder weiß, manchmal auch zweifarbig

GESCHMACK: Die größeren Kürbisse schmecken eher neutral, erinnern an Zucchini, die jüngeren haben einen eher süßlichen, artischockenähnlichen Geschmack.

GARZEIT: je nach Größe 5–15 Minuten

BESONDERHEITEN/TIPPS: Gehört zu den Sommerkürbissen. Junge und kleine Kürbisse sind am schmackhaftesten und werden mit Schale zubereitet. Auch die Blüten sind essbar.

SCHMECKT BESONDERS GUT ZU ODER IN: Roh im Salat, im Ganzen sauer eingelegt und konserviert oder ausgehöhlt und nach Belieben gefüllt, z. B. mit Hackfleisch oder Couscous.

SAISON: Juli–Oktober

EINKAUF: kleine Kürbisse, ohne Druckstellen. Kürbisse mit weißer Schale sind nicht mehr genießbar.

LAGERUNG: im Gemüsefach des Kühlschranks nur 2–3 Tage haltbar

PATISSON-KÜRBIS MIT QUINOA-HACKFLEISCH-FÜLLUNG

Für 4 Personen
Zubereitung: 45 Minuten plus Garzeit der Kürbisse
Schwierigkeit: mittel

- 8 Patisson-Kürbisse
- 80 g Quinoa
- Salz
- 1 Knoblauchzehe
- 2 Lauchzwiebeln
- 200 g Rispentomaten
- 200 g braune Champignons
- 100 g Bergkäse
- 1 EL Sonnenblumenöl
- 300 g Rinderhackfleisch
- 150 g Frischkäse
- frisch gemahlener schwarzer Pfeffer
- 200 ml Gemüsebrühe

1. Kürbisse waschen, Deckel abschneiden, von Kernen und Fasern befreien. Das Fruchtfleisch bis auf einen etwa 1,5 cm breiten Rand herauslöffeln.

2. Quinoa warm abspülen, mit etwa 160 ml Salzwasser aufkochen und bei geringer Temperatur abgedeckt 15–20 Minuten ausquellen lassen. Dabei gelegentlich umrühren, bis das gesamte Wasser aufgenommen wurde.

3. Knoblauch abziehen und zerdrücken. Lauchzwiebeln putzen, waschen und in feine Ringe schneiden. Tomaten waschen, Champignons putzen und wie auch den Käse fein würfeln. Backofen auf 200 °C Ober- und Unterhitze (180 °C Umluft) vorheizen.

4. Öl bei mittlerer Temperatur erhitzen und Hackfleisch darin krümelig anbraten. Knoblauch, Lauchzwiebeln und Champignons dazugeben und ebenfalls anbraten. Quinoa, Tomaten, Bergkäse und Frischkäse untermischen. Die Füllung mit Salz und Pfeffer abschmecken.

5. Kürbisse mit der Hackfleischmischung füllen, den Deckel wieder auflegen und Kürbisse in eine Auflaufform setzen. Brühe angießen und die Form mit Alufolie verschließen. Kürbisse im vorgeheizten Backofen auf der mittleren Schiene 35–45 Minuten (je nach gewünschter Konsistenz der Kürbisse) garen. Kürbisse auf Tellern anrichten, eventuell übrige Füllung zum Dazureichen nochmals erwärmen und servieren.

Zucchini

AUSSEHEN: Bekannt sind vor allem die länglichen, dunkelgrünen Sorten. Aber auch die gelben und runden Zucchini erfreuen sich großer Beliebtheit, weil diese sich gut zum Füllen und Schmoren eignen.

GARZEIT: gedünstet oder gebraten 5–10 Minuten, gefüllt im Backofen etwa 25 Minuten

---

BESONDERHEITEN/TIPPS: Sehr vielseitig, beliebter Alleskönner. Nur wenige wissen: Zucchini sind eine Unterart vom Gartenkürbis und gehören botanisch in die Familie der Kürbisgewächse. Lässt man sie wachsen, erreichen sie ein Gewicht von bis zu 5 kg. In der Regel erntet man Zucchini allerdings, wenn sie 15–30 cm lang und ungefähr 100–300 g wiegen.

SCHMECKT BESONDERS GUT ZU ODER IN: Zucchiniblüten gelten als Delikatesse und lassen sich gefüllt als dekorative Vorspeise servieren. Besonders gut schmecken Zucchini mit Hackfleisch oder Quinoa gefüllt, aber auch in Kombination mit Aufläufen, Suppen sowie Tartes und Quiches. Sie eignen sich als Zutat in Rohkost-Salaten oder peppen einen klassischen Kartoffelsalat modern auf.

SAISON: im Sommer aus heimischem Anbau

EINKAUF: Eine glatte, glänzende und makellose Schale zeigt, dass die Zucchini frisch geerntet und optimal gelagert wurden. Beim Berühren der Früchte sollte die Schale kaum nachgeben, die Zucchini sollten schön fest und knackig sein.

LAGERUNG: Bis zu 10 Tage im Gemüsefach des Kühlschranks haltbar. Nicht zusammen mit Äpfeln oder Tomaten lagern, denn beide enthalten ein Gas namens Ethylen, das Zucchini schnell weich und schlapp werden lässt.

ZUCCHINI-TARTE MIT ZIEGENKÄSE UND WALNUSSKERNEN

Für 4 Personen
Zubereitung: 40 Minuten plus Backzeit der Tarte
Schwierigkeit: mittel

Für den Teig
- 200 g Weizenmehl (Type 405)
- 100 g Butter plus etwas mehr für die Form
- Salz
- 1 Ei

Für den Belag
- 500 g gelbe und grüne Zucchini
- 500 g Tomaten
- 50 g halbgetrocknete Tomaten aus dem Glas
- 1 EL Olivenöl
- 180 g Ziegenkäserolle
- Salz
- frisch gemahlener bunter Pfeffer
- 50 g Walnusskerne
- 50 ml roter Traubensaft
- 5 EL dunkler Balsamicoessig
- 1 EL Honig
- 4 Stängel Basilikum

1. Backofen auf 200 °C Ober- und Unterhitze (180 °C Umluft) vorheizen. Für den Teig Mehl, Butter, ¾ TL Salz, Ei und 3 EL kaltes Wasser kurz mit kalten Händen oder einer Küchenmaschine verkneten. Boden und Rand einer gefetteten Tarte- oder Springform (etwa 30 cm Ø) mit dem Teig auslegen, mit einer Gabel mehrfach einstechen und im vorgeheizten Backofen auf der mittleren Schiene etwa 15 Minuten vorbacken.

2. Für den Belag Zucchini und Tomaten waschen, von den Stielansätzen befreien. Zucchini und Tomaten in etwa 0,5 cm dicke Scheiben schneiden, getrocknete Tomaten grob hacken.

3. Das Öl bei mittlerer bis hoher Temperatur erhitzen und die Zucchinischeiben darin etwa 5 Minuten anbraten. Ziegenkäse in Scheiben schneiden. Mürbeteigboden fächerartig mit Tomaten- und Zucchinischeiben belegen. Mit getrockneten Tomaten bestreuen und mit ½ TL Salz sowie ½ TL Pfeffer würzen. Ziegenkäsescheiben ebenfalls fächerartig auf Zucchini und Tomaten verteilen und die Tarte im Backofen etwa 20 Minuten backen.

4. Walnusskerne grob hacken, in einer Pfanne ohne Fett goldbraun rösten und herausnehmen. Traubensaft, Essig und Honig in die Pfanne geben und 3–5 Minuten sirupartig einkochen.

5. Basilikum waschen, trocken schütteln, Blättchen abzupfen und fein hacken. Tarte mit Balsamicohonig beträufeln, mit Walnusskernen und Basilikum garnieren, in Stücke schneiden und servieren.

Mangold

AUSSEHEN: Je nach Sorte sind die Blätter schrumpelig bis glatt und hellgelb bis dunkelgrün. Die Mittelrippen der Blätter treten meist auffällig hervor und sind weiß, rot oder gelblich-orange. Ihre Farbe verliert sich meist beim Blanchieren.

GESCHMACK: Die Blattstiele schmecken leicht nach Spargel und werden daher häufig als »Spargel des armen Mannes« bezeichnet. Der Geschmack der Blätter ist spinatähnlich, jedoch weitaus würziger und aromatischer, mit einer leicht nussigen Note.

GARZEIT: Die Blätter benötigen 4–6 Minuten, die Stiele etwa 8 Minuten.

BESONDERHEITEN/TIPPS: Die Blätter können vollständig, inklusive Stiel und Rippen verarbeitet werden. Etwas Zitronenwasser verhindert, dass der Mangold die Farbe im Wasser verliert. Mangold enthält Oxalsäure und wird deshalb von Menschen mit Gicht oder Nierenbeschwerden und Kindern schlecht vertragen. Sie sollten lieber zu einem anderen Gemüse greifen. Die enthaltene Säure kann außerdem bei Menschen mit einem empfindlichen Magen zu Problemen führen. Sie sollten Mangold nur in Maßen verzehren und ein Glas Milch zum Neutralisieren dazutrinken.

SCHMECKT BESONDERS GUT ZU ODER IN: Kann wie Spinat verwendet werden; schnell zubereitete Beilage zu Fleisch, Fisch und Eierspeisen, aber auch zu Käse oder Tofu.

SAISON: Die Haupterntezeit liegt zwischen Juni und August. Frische, junge Pflanzen können teilweise auch schon im Frühjahr geerntet werden.

EINKAUF: Kräftige, feste und glänzende Blätter sprechen für eine frische Ware. Auch die fleckenfreien, hellen Stiele sind ein gutes Zeichen für frischen Mangold.

LAGERUNG: eingeschlagen in ein feuchtes Tuch, maximal 1–2 Tage im Gemüsefach des Kühlschranks haltbar

SEELACHS IM KNUSPERTEIG MIT RAHM-MANGOLD

Für 4 Personen
Zubereitung: 50 Minuten
Schwierigkeit: mittel

- 1 kleine unbehandelte Zitrone
- 800 g kleine festkochende Kartoffeln
- Salz
- 800 g Mangold
- 1 Schalotte
- 2 EL Butterschmalz
- 100 ml Gemüsebrühe
- 600 g Seelachsfilet
- Zitronenpfeffer (geschroteter Pfeffer und Zitronenschalengranulat)
- 250 ml helles Bier (z. B. Pils)
- 200 g Weizenmehl (Type 405)
- 1 TL Backpulver
- Sonnenblumenöl zum Ausbacken
- 1 EL brauner Rohrzucker
- 2 Zweige Thymian
- 1 Zweig Oregano
- 1 Stängel Liebstöckel
- 100 g Crème fraîche
- frisch gemahlene Muskatnuss

1. Zitrone heiß abwaschen, trocken tupfen und die Schale abreiben. Zitrone halbieren und den Saft auspressen. Kartoffeln schälen, waschen und in kochendem Salzwasser 15–20 Minuten garen.

2. Mangold putzen, waschen und trocken schütteln. Stiele in etwa 1 cm breite Abschnitte, Blätter in etwa 2 cm breite Streifen schneiden. Schalotte abziehen und fein würfeln. 1 EL Butterschmalz bei mittlerer Temperatur erhitzen, Mangoldstiele und Schalotte darin anschwitzen. Brühe angießen, alles einmal aufkochen und bei reduzierter Temperatur abgedeckt 8–10 Minuten garen.

3. Fischfilet waschen, trocken tupfen und portionieren. Mit etwas Zitronensaft beträufeln sowie mit Salz und Zitronenpfeffer würzen.

4. Für den Backteig Bier, Mehl, Backpulver und 1 TL Salz zu einem glatten Teig verrühren. Falls der Teig zu dickflüssig sein sollte, noch etwas Wasser dazugeben. Die Fischstücke darin wenden und portionsweise in reichlich erhitztem Öl auf jeder Seite 3–4 Minuten goldbraun ausbacken.

5. Übriges Butterschmalz erhitzen, Kartoffeln dazugeben und etwa 5 Minuten goldbraun braten. Kartoffeln mit Zucker bestreuen und glänzend karamellisieren, mit Salz und Pfeffer würzen.

6. Mangoldblätter zu den Stielen geben und alles weitere 2–4 Minuten garen. Kräuter waschen, trocken schütteln, Blättchen abzupfen und fein hacken. Mangold mit Crème fraîche und Kräutern verfeinern, mit etwas Zitronenschale und -saft sowie mit Muskat, Salz und Pfeffer abschmecken. Seelachs im Knusperteig mit Rahm-Mangold sowie Kartoffeln auf Tellern anrichten und servieren.

Gelbe Bete

AUSSEHEN: Die Rübe kann verschiedene, meist runde bis birnenförmige Formen haben und ein Gewicht von bis zu 600 g erreichen. Sie hat eine dünne Schale.

GESCHMACK: knackig, saftiges Fleisch mit aromatischem, leicht süßlichem Geschmack, milder als Rote Bete

---

GARZEIT: bis zu 30 Minuten

BESONDERHEITEN/TIPPS: Gelbe Bete ist eigentlich viel älter, aber unbekannter als ihre Schwester, die Rote Bete. Beide sind aus der weißen Bete gezüchtet worden.

SCHMECKT BESONDERS GUT ZU ODER IN: Aromatische Beilage zu Fisch- und Fleischgerichten, aber auch roh als Carpaccio, Saft oder Smoothie sowie in Salaten. Köstlich auch als Ofengemüse oder als gebackene knusprige Chips. Lässt sich auch sehr gut zu Marmelade oder in süßem Gebäck verarbeiten. Die Blätter können prima für Dressings oder Salate verwendet werden.

SAISON: Hauptsaison Juli bis August bis zum Eintritt des ersten Frostes

EINKAUF: glatte Oberfläche, schöne Färbung, frisches Grün der Blätter

LAGERUNG: gut gekühlt bis zu 4 Wochen haltbar

GELBE-BETE-SÜPPCHEN MIT PETERSILIEN-MILCHSCHAUM

Für 4 Personen
Zubereitung: 35 Minuten
Schwierigkeit: einfach

- 400 g Gelbe Bete
- 200 g mehligkochende Kartoffeln
- 1 Schalotte
- 1 kleines Stück Ingwer (etwa 2 cm)
- 2 Zweige Thymian
- 3 TL Butter
- 750 ml Gemüsebrühe
- 2 kleine Scheiben Schwarzbrot
- 4 Stängel glatte Petersilie
- frisch gemahlene Muskatnuss
- Salz
- frisch gemahlener schwarzer Pfeffer
- 150 ml Milch

1. Bete und Kartoffeln schälen, waschen und in Stücke schneiden. Schalotte abziehen, Ingwer schälen und beides fein würfeln. Thymian waschen, trocken schütteln, Blättchen abzupfen und fein hacken.

2. 2 TL Butter bei geringer bis mittlerer Temperatur erhitzen. Bete, Kartoffeln, Schalotte, Ingwer und Thymian darin anschwitzen. Brühe angießen, alles aufkochen und bei reduzierter Temperatur abgedeckt etwa 20 Minuten garen.

3. Schwarzbrot fein würfeln und in der übrigen erhitzten Butter anrösten. Petersilie waschen, trocken schütteln, Blättchen abzupfen und fein hacken.

4. Suppe pürieren und mit Muskat, Salz und Pfeffer abschmecken. Milch mit Petersilie erhitzen und aufschäumen. Suppe in hitzebeständige große Gläser füllen. Petersilien-Milchschaum darauf verteilen, mit Schwarzbrot-Croûtons garnieren und direkt servieren.

Kerbelwurzeln

AUSSEHEN: ovale bis kugelförmige 3–10 cm lange und 2,5–6 cm dicke ockerfarbene Wurzel mit weißem Fruchtfleisch

GESCHMACK: Aromatisch nussig-süß, zart-mehlig, ähnlich der Esskastanie und Kartoffel. Je länger die Kerbelrübe gelagert wird, umso intensiver und würziger wird sie im Geschmack.

GARZEIT: 8–10 Minuten

BESONDERHEITEN/TIPPS: Damit sich Kerbelwurzeln besser schälen lassen, legt man sie vorher kurz in heißes Wasser. Besonders aromatisch schmecken die Wurzeln, wenn diese nicht geschält, sondern nur unter fließendem Wasser abgebürstet werden.

SCHMECKT BESONDERS GUT ZU ODER IN: Da Kerbelwurzeln in der Konsistenz Kartoffeln ähneln, schmecken sie am besten wie Pellkartoffeln zubereitet, in Butter gebraten, als Beilage zu Fisch und Fleisch. Doch auch Suppen, Eintöpfe oder Ofengerichte lassen sich mit Kerbelwurzeln aromatisch verfeinern. Die Wurzeln schmecken jedoch auch roh z. B. in Salaten sehr gut. Die Blätter sind jedoch ungenießbar und sollten nicht verwendet werden.

SAISON: Spätsommer bis Herbst

EINKAUF: feste Wurzeln, ohne Schäden

LAGERUNG: im Gemüsefach des Kühlschranks bis zu 2 Wochen haltbar

SANDWICH MIT KERBELWURZELBRATLING, KRABBEN UND TRÜFFELMAYONNAISE

Für 4 Personen
Zubereitung: 1 Stunde
Schwierigkeit: mittel

Für die Trüffelmayonnaise
- 1 kleine unbehandelte Limette
- 1 Eigelb
- Salz
- frisch gemahlener schwarzer Pfeffer
- 1 TL grober Senf
- 80 ml Rapsöl
- 2 EL Trüffelöl (ca. 20 ml)

Für den Belag
- 125 g küchenfertige Krabben aus dem Kühlregal
- 1 TL Rapsöl
- 4 kleine Kopfsalatblätter

Für die Kerbelwurzelbratlinge
- 2 große Kerbelwurzeln (ca. 400 g)
- 2 große Karotten
- ½ Knolle Sellerie (ca. 200 g)
- 1 kleine Schalotte
- ¼ Bund glatte Petersilie
- 25 g zarte Haferflocken
- 5 EL Weizenmehl (Type 405)
- 3 kleine Eier
- Salz
- frisch gemahlener schwarzer Pfeffer
- 2 EL Rapsöl
- 8 Scheiben Vollkorntoast

1. Für die Trüffelmayonnaise die Limette heiß abwaschen, trocken tupfen und die Schale abreiben. Die Limette halbieren und etwas Saft auspressen. Eigelb, ¼ TL Salz, ¼ TL Pfeffer und den Senf mit einem Schneebesen schaumig rühren. Etwas Rapsöl dazugeben und kräftig verrühren, bis eine Bindung entsteht. Übrige Öle in dünnem Strahl zufügen und alles unter ständigem Rühren zu einer hellen Mayonnaise verrühren. Mayonnaise mit etwas Limettenschale und -saft sowie Salz und Pfeffer abschmecken.

2. Für den Belag die Krabben waschen und trocken tupfen. Das Öl bei mittlerer Temperatur erhitzen und die Krabben darin 3–5 Minuten unter Wenden braten. Kopfsalat waschen und trocken schütteln.

3. Für die Bratlinge Kerbelwurzel, Karotten und Sellerie schälen, waschen und fein raspeln. Schalotte abziehen und fein würfeln. Petersilie waschen, trocken schütteln, Blättchen abzupfen und klein hacken. Kerbelwurzel, Karotten, Sellerie, Schalotte, Petersilie, Haferflocken, Mehl und Eier gut vermengen. Den Teig mit Salz und Pfeffer würzen, vier Bratlinge daraus formen. Das Öl bei mittlerer Temperatur erhitzen und die Bratlinge darin 10–15 Minuten unter Wenden goldbraun braten.

4. Toastbrot mit Trüffelmayonnaise bestreichen und vier Scheiben mit Salat, Bratlingen und Krabben belegen. Übrige Toastscheiben auflegen und vorsichtig andrücken. Diagonal halbieren, mit dekorativen Spießen fixieren und servieren.

Mairübe

AUSSEHEN: weiße, runde und an der Oberseite abgeflachte Rüben, mit Blattgrün an langen Stielen

GESCHMACK: mild süßlich, mit leicht scharfem Geschmack

GARZEIT: 5–10 Minuten, je nach Größe der Stücke

BESONDERHEITEN/TIPPS: Mairüben werden auch Navetten genannt. Die Blätter können gekocht oder gedünstet und wie Spinat zubereitet werden. Oder als frisches Grün über die Gerichte streuen.

SCHMECKT BESONDERS GUT ZU ODER IN: Mairüben eignen sich gut für die Zubereitung von Salaten, als Snack mit einem würzigen Kräuterquark, gedünstet als Beilage, aber auch geschmort und gebraten. Auch in Suppen oder Eintöpfen entfalten sie ihre aromatische Note.

SAISON: Mai bis Juni

EINKAUF: feste Rüben

LAGERUNG: im Kühlschrank 2–3 Tage haltbar, dabei sollten jedoch die Blätter getrennt aufbewahrt werden

OFENSAIBLING MIT MAIRÜBEN UND BÄRLAUCH-HOLLANDAISE

Für 4 Personen
Zubereitung: 1 Stunde 10 Minuten plus Garzeit des Saiblings
Schwierigkeit: mittel

Für die Saiblinge
1 unbehandelte Zitrone
1 Bund Frühlingskräuter (z. B. Kerbel, Dill, Schnittlauch, Petersilie, Estragon)
4 EL weiche Butter
Salz
Cayennepfeffer
4 küchenfertige Saiblinge (à 300–500 g)
frisch gemahlener schwarzer Pfeffer

Für die Mairüben
20 g Haselnussblättchen
800 g Mairüben
4 Frühlingszwiebeln
1 EL Butter
150 ml Gemüsebrühe
1 EL flüssiger Honig
Salz
frisch gemahlener schwarzer Pfeffer
Chilipulver

Für die Bärlauch-Hollandaise
2–3 frische Bärlauchblätter
2 Eigelb
1 TL Zitronensaft
Salz
frisch gemahlener schwarzer Pfeffer
125 g Butter

Außerdem
Röstkartoffeln

1. Für die Saiblinge die Zitrone heiß abwaschen und die Schale abreiben, Zitrone halbieren und den Saft auspressen. Kräuter waschen, trocken schütteln, Blättchen abzupfen und fein hacken beziehungsweise Schnittlauch in Röllchen schneiden. Butter mit Salz und Cayennepfeffer nach Belieben würzen, mit etwas Zitronenschale und -saft sowie den Kräutern vermengen. Backofen auf 180 °C Ober- und Unterhitze (160 °C Umluft) vorheizen.

2. Saiblinge waschen, trocken tupfen und mit einem scharfen Messer mehrfach diagonal bis auf die Gräten einschneiden. Saiblinge mit Salz und Pfeffer würzen und die Kräuterbutter in die Einschnitte streichen. Fische auf ein Backblech legen und im vorgeheizten Backofen auf der mittleren Schiene etwa 30 Minuten garen.

3. Für die Mairüben Haselnussblättchen in einer beschichteten Pfanne ohne Fett anrösten und herausnehmen. Rüben schälen, waschen und in Scheiben oder Stücke schneiden. Rübenblätter und Frühlingszwiebeln waschen, trocken schütteln und fein hacken. Die Butter bei mittlerer Temperatur erhitzen und die Rüben darin anschwitzen. Brühe angießen, die Rübenblätter zugeben und alles abgedeckt etwa 5 Minuten garen. Rüben abgießen, wieder in den Topf geben und mit Honig glasieren. Mit Salz, Pfeffer und etwas Chili abschmecken, Haselnussblättchen und Frühlingszwiebeln zufügen.

4. Für die Hollandaise den Bärlauch waschen, trocken schütteln und in sehr feine Streifen schneiden. Eigelb, Zitronensaft, etwas Salz und Pfeffer in einem Topf auf einem heißen Wasserbad verquirlen – das Wasser im Topf sollte nicht zu heiß werden. Butter zerlassen und sehr langsam zugießen, dabei kräftig mit einem Schneebesen rühren, bis die komplette Butter untergearbeitet ist. Bärlauch unterrühren und die Hollandaise abschmecken.

5. Ofensaibling mit glasierten Mairübchen und Bärlauch-Hollandaise auf Tellern anrichten und mit kleinen Röstkartoffeln servieren.

TIPP

Falls die Hollandaise gerinnt, einfach einen Eiswürfel unterrühren und die Hollandaise damit retten.

Meerrettich

AUSSEHEN: gelblich bis hellbraune, 25–30 cm länglich dünne Wurzeln

GESCHMACK: brennend scharf

GARZEIT: Möglichst roh verwenden, da Hitze die Senföle zerstört. Beim Verfeinern von Saucen dann etwas mehr frischen Meerrettich einsetzen.

BESONDERHEITEN/TIPPS: Meerrettich ist eines der schärfsten Gewürze. Die geruchlose Wurzel entfaltet ihre Schärfe allerdings erst beim Aufschneiden, Schälen oder Reiben. In Österreich trägt die Wurzel den Namen »Kren«. Das bedeutet übersetzt »weinen«, was auf die Scharfstoffe des Meerrettich zurückzuführen ist. Diese können bei der Zubereitung zu tränenden Augen führen. Wer beim Kochen nichts von der Schärfe des Meerrettich verlieren will, gibt diesen erst am Ende des Kochvorgangs zum Essen, da ansonsten durch die Hitze die typische Schärfe verloren geht.

SCHMECKT BESONDERS GUT ZU ODER IN: Geriebener Meerrettich passt hervorragend in Saucen zu Tafelspitz, Gemüse oder geräuchertem Fisch, pur oder in Kombination mit Schmand oder Crème fraîche. Aber auch in Kartoffel- und kräftigen Kohlsalaten.

SAISON: Oktober bis Januar

EINKAUF: saftige Wurzeln am Stück, deren Schale sauber und unversehrt ist

LAGERUNG: angeschnitten bis zu 2 Wochen, ansonsten etwa 4 Wochen im Gemüsefach des Kühlschranks haltbar

TAFELSPITZ MIT MEERRETTICHSAUCE UND ROTE-BETE-STAMPF

Für 4 Personen
Zubereitung: 45 Minuten plus Garzeit von Tafelspitz und Roter Bete
Schwierigkeit: einfach

1 Bund Suppengrün
1 kg Tafelspitz
2 Wacholderbeeren
1 Lorbeerblatt
1 Gewürznelke
je 2 weiße und schwarze Pfefferkörner
Salz
600 g Rote Bete
400 g mehligkochende Kartoffeln
1 Stück Meerrettich (etwa 10 cm)
3 EL Butter
3 EL Weizenmehl (Type 405)
450 ml Milch
1 EL Zitronensaft
Zucker
frisch gemahlener schwarzer Pfeffer
frisch gemahlene Muskatnuss

1. Suppengrün putzen beziehungsweise schälen, waschen und in Stücke schneiden. Tafelspitz mit Suppengrün, Wacholderbeeren, Lorbeerblatt, Gewürznelke, Pfefferkörnern und 1 ½ EL Salz in etwa 2 l Wasser aufkochen. Alles bei etwas reduzierter Temperatur abgedeckt etwa 90 Minuten garen. Den dabei entstehenden Schaum abschöpfen.

2. Rote Bete schälen, waschen, in Stücke schneiden, in Salzwasser aufkochen und bei reduzierter Temperatur abgedeckt 50–60 Minuten garen. Kartoffeln schälen, waschen, ebenfalls in Stücke schneiden, nach 30–40 Kochzeit mit zu der Roten Bete geben und alles etwa 20 Minuten weitergaren.

3. Meerrettich schälen und fein reiben. Bei geringer bis mittlerer Temperatur 2 EL Butter erhitzen, Meerrettich und Mehl darin anschwitzen. 300 ml Milch und etwa 200 ml Tafelspitzbrühe angießen, alles aufkochen und mit Zitronensaft, Zucker, Salz und Pfeffer abschmecken.

4. Rote-Bete-Kartoffel-Mischung abgießen, mit übriger Butter und Milch grob zerstampfen. Mit Muskat, Salz und Pfeffer würzen. Tafelspitz in Scheiben schneiden, mit Meerrettichsauce und Rote-Bete-Stampf auf Tellern anrichten und servieren.

TIPP

Aus der übrigen Brühe eine gebrannte Grießmehlsuppe zubereiten. Dafür 1 TL Butter erhitzen, 10 g Grieß einstreuen und goldbraun rösten. 350 ml Brühe angießen, aufkochen und etwa 5 Minuten köcheln lassen. Die Suppe servieren oder zum späteren Verzehr einfrieren.

Bunte Karotten

AUSSEHEN: gelbe sowie orange- bis violettfarbene Wurzeln

GESCHMACK: Gelbe sind weniger süß, violette sind süßer und saftiger als andere Sorten.

GARZEIT: bis zu 15 Minuten, je nach Zubereitung

BESONDERHEITEN/TIPPS: Gehören zu den ältesten Gemüsesorten. Beim Garen in Wasser die dunklen Karotten separat kochen, da sie sonst die helleren Karotten verfärben. Das Möhrengrün als Garnitur verwenden oder in Suppen, Eintöpfen, Smoothies und Dressing verarbeiten. Junge Bundmöhren müssen nicht geschält, sondern nur gründlich gewaschen oder abgebürstet werden.

SCHMECKT BESONDERS GUT ZU ODER IN: Perfekte Beilage mit z. B. Kartoffeln zu Fleisch und Fisch. Roh als Salat und zum Dippen. Aber auch in aromatischen Suppen und Eintöpfen sowie Quiche, Tartes und Gemüsekuchen.

SAISON: Mai bis November

EINKAUF: feste und knackige Karotten, das Grün noch saftig und mit satter Farbe

LAGERUNG: im Gemüsefach des Kühlschranks 7–10 Tage haltbar, bei Bundkarotten das Grün vorher entfernen.

BUNTE KAROTTEN-TARTE

Für 4 Personen
Zubereitung: 40 Minuten plus Backzeit der Tarte
Schwierigkeit: mittel

Für die Trauben-Balsamico-Creme
- 3 EL dunkler Balsamicoessig
- 150 ml roter Traubensaft
- 1 EL Honig
- Salz
- frisch gemahlener schwarzer Pfeffer

Für den Tarte-Boden
- 200 g Weizenmehl (Type 405)
- 100 g Butter plus etwas mehr für die Form
- Salz
- 1 Ei

Für den Belag
- 1 kg bunte Karotten
- 1 EL Rapsöl
- Salz
- frisch gemahlener schwarzer Pfeffer
- 50 g Ziegengouda
- 2 Eigelb
- 200 g Crème fraîche
- 1 TL Speisestärke
- 150 g Ziegenkäserolle
- 2 EL Paniermehl
- 25 g Pinienkerne
- ½ Bund gemischte Kräuter (etwa 20 g, z. B. Kerbel, glatte Petersilie, Zitronenmelisse)

1. Für die Trauben-Balsamico-Creme Essig, Traubensaft und Honig aufkochen, bei reduzierter Temperatur etwa 5 Minuten sämig einkochen lassen und mit Salz sowie Pfeffer abschmecken.

2. Backofen auf 200 °C Ober- und Unterhitze (180 °C Umluft) vorheizen. Für die Tarte Mehl, Butter, ½ TL Salz, Ei und 3 EL kaltes Wasser kurz mit kalten Händen oder einer Küchenmaschine verkneten. Den Boden und Rand einer gefetteten Tarte- oder Springform (etwa 30 cm Ø) mit dem Teig auslegen. Mit einer Gabel mehrfach einstechen und im vorgeheizten Backofen auf der mittleren Schiene etwa 15 Minuten vorbacken. Den Boden aus dem Ofen nehmen, den Ofen aber nicht ausschalten.

3. Für den Belag Karotten schälen, waschen und in etwa 1 cm dicke Scheiben schneiden. Das Öl bei mittlerer Temperatur erhitzen und die Karotten darin etwa 5 Minuten anschwitzen, mit Salz und Pfeffer würzen. Karottenscheiben etwas abkühlen lassen. Gouda reiben, mit Eigelb, Crème fraîche und Stärke verrühren, ebenfalls mit Salz und Pfeffer würzen.

4. Die Käsemischung auf dem vorgebackenen Boden verstreichen und die Karotten nach Farben sortiert fächerartig darauf verteilen. Ziegenkäserolle in kleine Stücke schneiden, auf die Karottenscheiben legen, mit Paniermehl bestreuen und im Backofen auf der mittleren Schiene 30–35 Minuten goldbraun backen.

5. Pinienkerne in einer beschichteten Pfanne ohne Fett goldbraun rösten. Kräuter waschen, trocken schütteln, Blättchen abzupfen und mit Pinienkernen über die Tarte streuen. Tarte mit der Trauben-Balsamico-Creme beträufeln, in Stücke schneiden und servieren.

Pastinaken

AUSSEHEN: cremefarbene, kegelförmig, spitz zulaufende Wurzel, zwischen 20–40 cm lang und 5–15 cm dick

GESCHMACK: mild nussig, erdig und leicht süßlich

GARZEIT: 15–20 Minuten je nach Zubereitung

BESONDERHEITEN/TIPPS: Je dicker Pastinaken sind, desto weicher ist ihr Fruchtfleisch. Die Blätter und Triebspitzen können wie Kräuter zum Verfeinern von Dips und Dressings, zum Garnieren von Gerichten sowie Suppen und Eintöpfen eingesetzt werden. Pastinaken zählen zu den wenigen Gemüsesorten, die durch Frosteinwirkung milder und süßer werden. Das besondere Aroma von Pastinaken kann sich durch Frost erst gänzlich entfalten.

SCHMECKT BESONDERS GUT ZU ODER IN: Vielseitig zu verwenden als Ofengemüse, Auflauf und Gratin, Suppe und Eintopf oder in Kombination mit Kartoffeln als Püree. Auch roh in einem Salat schmecken Pastinaken sehr gut. In der Trendküche werden Pastinaken auch analog zu Karotten oder Kürbis in süßem Gebäck eingesetzt.

SAISON: September bis März

EINKAUF: glatte Schale, ohne Stellen und mit frischem Grün

LAGERUNG: in ein feuchtes Tuch gewickelt, im Gemüsefach des Kühlschranks bis zu 2 Wochen haltbar

PASTINAKEN-KARTOFFEL-TOPF MIT HACKBÄLLCHEN

Für 4 Personen
Zubereitung: 50 Minuten
Schwierigkeit: einfach

- 600 g vorwiegend festkochende Kartoffeln
- 3 mittelgroße Pastinaken
- 2 große Karotten
- 1 Zwiebel
- ¼ Bund glatte Petersilie
- 1 EL Butter
- 2 EL körnige Gemüsebrühe
- 4 frische grobe Bratwürste
- 1 EL Rapsöl
- 200 g Schmand
- frisch gemahlene Muskatnuss
- Salz
- frisch gemahlener schwarzer Pfeffer

1. Kartoffeln, Pastinaken und Karotten schälen, waschen und würfeln. Zwiebel abziehen und fein würfeln. Petersilie waschen, trocken schütteln, Blättchen abzupfen und fein hacken.

2. Butter bei mittlerer Temperatur erhitzen, Kartoffeln, Pastinaken, Karotten und Zwiebel darin anschwitzen. Gemüsebrühe und 700 ml Wasser zufügen, alles aufkochen und bei reduzierter Temperatur abgedeckt 25–30 Minuten garen.

3. Bratwurstbrät aus der Pelle herausdrücken und walnussgroße Bällchen formen. Das Öl bei mittlerer Temperatur erhitzen und die Bällchen darin rundum etwa 10 Minuten goldbraun braten.

4. Eintopf mit Schmand verfeinern. Mit Muskat, Salz und Pfeffer abschmecken, die Hackbällchen dazugeben. Pastinaken-Kartoffel-Topf in große Suppentassen oder -teller füllen und, mit Petersilie garniert, servieren.

Petersilienwurzel

AUSSEHEN: spitz zulaufende gelblich braune Wurzel, etwa 20 cm lang und 3–5 cm dick

GESCHMACK: intensiv würzig nach Petersilie, mit einem leicht süßlichen Aroma, das an Knollensellerie erinnert

GARZEIT: 15–20 Minuten je nach Zubereitung

BESONDERHEITEN/TIPPS: Da leicht mit der Pastinake zu verwechseln, erkennt man die Petersilienwurzel an dem nach oben gewölbten Blattansatz.

SCHMECKT BESONDERS GUT ZU ODER IN: In Suppen oder Eintöpfen oder auch als Püree oder Stampf zu kurzgebratenem Fleisch sowie im Ofen gegart als Spalten oder Chips.

SAISON: Oktober bis Februar

EINKAUF: kleine Wurzeln, feste Schale und frischer Geruch

LAGERUNG: im Gemüsefach des Kühlschranks bis zu 2 Wochen haltbar

KRÄUTERFRIKADELLEN MIT CRANBERRY-HONIG-PETERSILIENWURZELN

Für 4 Personen
Zubereitung: 1 Stunde
Schwierigkeit: einfach

Für die Cranberry-Honig-Petersilienwurzeln
800 g Petersilienwurzeln
Salz
1–2 EL flüssiger Honig
200 g Sahne
frisch gemahlener schwarzer Pfeffer
Chiliflocken
40 g getrocknete Cranberrys
80 g geriebener Käse (z. B. Butterkäse oder junger Gouda)
4 Frühlingszwiebeln
40 g Walnusskerne

Für die Kräuterfrikadellen
1 altbackenes Brötchen
5 Stängel krause Petersilie
1 kleine Zwiebel
500 g gemischtes Hackfleisch
1 Ei
1 TL mittelscharfer Senf
1 TL Tomatenmark
Salz
frisch gemahlener schwarzer Pfeffer
1 EL Sonnenblumenöl

Außerdem
Petersilienkartoffeln

1. Für die Petersilienwurzeln den Backofen auf 200 °C Ober- und Unterhitze (180 °C Umluft) vorheizen. Petersilienwurzeln schälen, waschen und größere Wurzeln längs halbieren. Die Wurzeln etwa 10 Minuten in kochendem Salzwasser vorgaren. Petersilienwurzeln abgießen und in eine Auflaufform legen.

2. Honig und Sahne verrühren, mit Salz, Pfeffer und Chiliflocken würzen. Cranberrys hacken und unterrühren. Die Mischung auf den Petersilienwurzeln verteilen und Käse darüberstreuen. Im vorgeheizten Backofen auf der mittleren Schiene 20–25 Minuten garen. Frühlingszwiebeln putzen, waschen und in Ringe schneiden. Walnusskerne fein hacken und in einer kleinen beschichteten Pfanne ohne Fett rösten.

3. Für die Frikadellen das Brötchen etwa 5 Minuten in lauwarmem Wasser einweichen und gut ausdrücken. Petersilie waschen, trocken schütteln, Blättchen abzupfen und fein hacken. Zwiebel abziehen und fein würfeln. Hackfleisch mit Brötchen, Petersilie, Zwiebel, Ei, Senf und Tomatenmark vermischen, mit ¾ TL Salz und ½ TL Pfeffer würzen. Mischung zu acht Frikadellen formen. Das Öl bei mittlerer Temperatur erhitzen und die Frikadellen darin 15–20 Minuten braten.

4. Petersilienwurzeln mit Walnusskernen und Frühlingszwiebeln garnieren und mit den Frikadellen servieren. Dazu schmecken Petersilienkartoffeln.

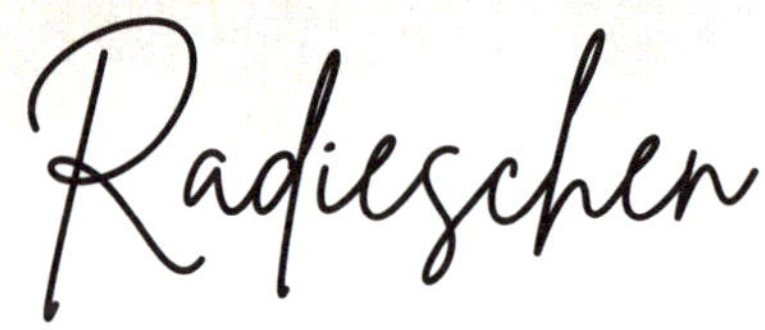

Radieschen

AUSSEHEN: bis zu 6 cm dicke, kleine meist runde, leuchtend rosa-rote Knollen

GESCHMACK: leicht scharf, pfeffrig

GARZEIT: am besten roh verzehren

BESONDERHEITEN/TIPPS: Die frischen Radieschenblätter kann man wie andere Kräuter verwenden und Salate oder andere Gerichte damit verfeinern. Die enthaltenen Senföle der Radieschen sorgen für die charakteristische leichte Schärfe. Falls die Radieschen doch mal etwas weich geworden sind, kurze Zeit in eiskaltes Wasser legen.

SCHMECKT BESONDERS GUT ZU ODER IN: in Salaten, als Brotbelag oder zu Käseplatten

SAISON: März bis Oktober

EINKAUF: frische, feste Knollen mit grünen Blättern

LAGERUNG: im Gemüsefach des Kühlschranks bis zu 1 Woche haltbar (da die Blätter den Radieschen Feuchtigkeit entziehen, diese vor der Lagerung entfernen)

RADIESCHEN-MOZZARELLA-CARPACCIO

Für 4 Personen
Zubereitung: 35 Minuten plus Ruhe- und Backzeit des Brotes
Schwierigkeit: mittel

Für das Quinoabrot

40 g getrocknete Apfelringe
50 g Quinoa
200 g Müsli (z. B. 5-Korn-Mix)
Salz
100 g Weizenmehl (Type 405)
1 Päckchen Backpulver
150 g Sonnenblumenkerne
3 EL Olivenöl plus etwas mehr für die Form
2 EL flüssiger Honig

Für das Radieschen-Mozzarella-Carpaccio

2 Bund Radieschen
250 g Mozzarella
¼ Bund Schnittlauch
1 TL geröstetes Sesamöl
2 EL Sonnenblumenöl
1–2 TL Himbeeressig
1 TL flüssiger Honig
Salz
frisch gemahlener schwarzer Pfeffer

1. Für das Brot Apfelringe in kleine Würfel schneiden und mit Quinoa, Müsli, 1 TL Salz, Mehl, Backpulver und Sonnenblumenkernen vermischen. Öl, Honig sowie 350 ml warmes Wasser verrühren und mit den trockenen Zutaten vermengen. Den Teig in eine kleine gefettete Kastenform (etwa 20 cm Länge) füllen und über Nacht im Kühlschrank ruhen lassen.

2. Backofen auf 200 °C Ober- und Unterhitze (180 °C Umluft) vorheizen. Das Brot im vorgeheizten Backofen auf der mittleren Schiene 55–60 Minuten backen und anschließend auf einem Kuchengitter auskühlen lassen.

3. Für das Carpaccio Radieschen putzen, waschen, abtupfen und in Scheiben schneiden. Mozzarella abtropfen lassen und ebenfalls in Scheiben schneiden. Für das Dressing den Schnittlauch waschen, trocken schütteln und in Röllchen schneiden. Öle, Essig, Honig und Schnittlauch verrühren und mit Salz und Pfeffer würzen. Carpaccio auf einer großen Platte oder portionsweise auf Tellern anrichten und mit dem Dressing beträufeln. Das Quinoabrot in Scheiben schneiden und zum Radieschen-Mozzarella-Carpaccio servieren.

Rettich weiß und schwarz

AUSSEHEN: Rettiche zeichnen sich durch eine kugel- oder spindelförmige Wurzel aus, deren Schale von hellem Weiß des Sommerrettichs über eine rosa, rote und grüne Färbung bis hin zu violett und tiefem Schwarz des Winterrettichs variiert. Die Schärfe verdankt er verschiedenen Senfölen, die auch seine besondere gesundheitliche Wirkung ausmachen.

GESCHMACK: würzig-scharf, sehr aromatisch, weißer Rettich ist milder im Geschmack als schwarzer Rettich

GARZEIT: in Scheiben oder Stiften geschnitten 3–4 Minuten

BESONDERHEITEN/TIPPS: Der Rettich verliert seine Schärfe, wenn er in dünne Scheiben geschnitten, mit Salz gewürzt und etwa 5 Minuten in kaltes Wasser gelegt wird. Auch durch Dünsten oder Schmoren verliert der Rettich einen Großteil seiner Schärfe. Aus schwarzem Rettich lässt sich prima Hustensaft herstellen. Man schneidet eine Kappe ab, höhlt den Rettich kegelförmig aus, füllt ihn mit braunem oder Kandiszucker, setzt die Kappe wieder auf den Rettich und lässt das Ganze über Nacht ziehen. So entsteht ein Sirup, von dem man 5–10 Teelöffel, über den Tag verteilt, einnehmen kann. Der Sirup kann in einem Schraubglas im Kühlschrank gut aufbewahrt werden.

SCHMECKT BESONDERS GUT ZU ODER IN: als frischer Salat oder Carpaccio mit Essig-Öl-Dressing, als Brotbelag, als Gemüse zu Fisch- und Fleischgerichten

---

SAISON: Mai bis Juli weißer Rettich, Oktober bis Februar und März schwarzer Rettich

---

EINKAUF: glatte Schale, festes Fleisch, grünes Laub

LAGERUNG: im Gemüsefach des Kühlschranks, in ein feuchtes Tuch gewickelt, bis zu 10 Tage haltbar

RETTICH-WEISSWURST-SALAT MIT BREZEL-CROÛTONS

Für 4 Personen
Zubereitung: 25 Minuten
Schwierigkeit: einfach

- 40 g Walnusskerne
- ¼ Bund Schnittlauch
- 80 g weiche Salzbutter
- 4 Weißwürste
- 1 mittelgroßer Rettich
- 2 Gewürzgurken
- 100 g Senfgurken
- 2 Äpfel
- 3 EL Rapsöl
- 1 EL Walnussöl
- 1 TL körniger Senf
- Zucker
- Salz
- frisch gemahlener schwarzer Pfeffer
- 5 Brezeln

1. Walnusskerne fein hacken. Schnittlauch waschen, trocken schütteln und in feine Röllchen schneiden. Butter mit der Hälfte der Schnittlauchröllchen vermengen.

2. Weißwürste in Wasser erhitzen, etwas abkühlen lassen, aus der Pelle lösen und in Scheiben schneiden. Rettich schälen, waschen, in Scheiben hobeln, salzen und kurz ziehen lassen. Gurken würfeln. Äpfel waschen, vierteln, von den Kerngehäusen befreien und in Spalten schneiden.

3. Für die Vinaigrette Walnusskerne, übrigen Schnittlauch, 5 EL Gurkensud, 2 EL Rapsöl, Walnussöl und Senf verrühren, mit Zucker, Salz und Pfeffer würzen. Rettich trocken tupfen, mit der Vinaigrette, Weißwürsten, Gurken und Äpfeln vermischen.

4. Das übrige Öl bei mittlerer bis hoher Temperatur erhitzen. Eine Brezel würfeln und darin zu knusprigen Croûtons rösten. Übrige Brezeln quer aufschneiden, mit Schnittlauch-Salzbutter bestreichen und zum Salat servieren.

IBÉRICO-STEAK MIT WÜRZRETTICH

Für 4 Personen
Zubereitung: 30 Minuten
Schwierigkeit: einfach

2 kleine schwarze Rettiche
¼ TL Zucker
Salz
1 unbehandelte Zitrone
½ TL Fenchelsamen
2 TL Sesamsamen
2 TL geröstetes Sesamöl
2 EL Sonnenblumenöl plus 1 EL Öl zum Braten
1 TL Agavendicksaft
1 EL heller Balsamicoessig
frisch gemahlener schwarzer Pfeffer
¼ Bund glatte Petersilie
4 Ibérico-Steaks (à 150–170 g)
4 Scheiben Vollkornbrot

1. Rettiche schälen, waschen und in dünne Scheiben hobeln. Mit Zucker sowie ¾ TL Salz mischen und kurz ziehen lassen.

2. Für das Dressing Zitrone heiß abwaschen, trocken tupfen und etwas Schale abreiben, die Zitrone halbieren und den Saft auspressen. Fenchel fein mörsern, mit Sesam, Ölen, Agavendicksaft, Essig, Zitronenschale und -saft sowie Salz und Pfeffer verrühren. Petersilie waschen, trocken schütteln, Blättchen abzupfen, fein hacken und unter das Dressing rühren. Rettich abtropfen lassen, mit Küchenpapier gut trocken tupfen und mit dem Dressing vermischen.

3. Steaks trocken tupfen, mit Salz und Pfeffer würzen. In einer Grillpfanne das übrige Öl bei mittlerer bis hoher Temperatur erhitzen. Die Steaks darin auf jeder Seite 2–3 Minuten braten. Steaks mit Würzrettich auf Tellern anrichten und mit Vollkornbrot servieren.

Ringelbete

AUSSEHEN: etwa 6 cm große runde Knolle mit hellroter Schale, im Anschnitt dunkelrosa und weiße Ringe

GESCHMACK: süßlich, aromatisch und weniger erdig als Rote Bete

GARZEIT: etwa 30 Minuten, je nach Zubereitung

BESONDERHEITEN/TIPPS: markantes, rot weißes Ringelmuster, ein Hingucker auf jedem Salatteller

SCHMECKT BESONDERS GUT ZU ODER IN: am besten roh, dünn aufgeschnitten als Carpaccio mit Pinienkernen, Olivenöl und Parmesan, da so der schöne Farbverlauf der Bete zur Wirkung kommt. Aber auch als Spalten im Ofen gebacken oder als gedünstete Gemüsebeilage zu Kurzgebratenem oder Schmorgerichten

SAISON: August bis November

EINKAUF: Frisches Grün der Blätter und eine feste Knolle deuten auf Frische und gute Qualität der Ringelbete hin.

LAGERUNG: im Gemüsefach des Kühlschranks ohne Blätter bis zu 3 Tage haltbar

RINGELBETE-BOWL MIT LINSEN UND PORTULAK

Für 4 Personen
Zubereitung: 40 Minuten plus Back- und Garzeit von Ringelbete und Linsen
Schwierigkeit: einfach

Für die Bowl

- 800 g Ringelbete
- 2 Salbeiblätter
- 2 Zweige Thymian
- 1 EL Balsamicoessig
- 6 EL Olivenöl
- Salz
- frisch gemahlener schwarzer Pfeffer
- 1 Schalotte
- 1 Knoblauchzehe
- 200 g Berglinsen
- 1 Lorbeerblatt
- 700 ml Gemüsebrühe
- 1 Bund Portulak (etwa 150 g)
- 100 g kleine, kernlose rote Trauben

Für das Dressing

- 1 kleines Stück Ingwer (etwa 2 cm)
- 4 EL Nussöl
- 1–2 EL brauner Rohrzucker
- 250 ml heller Traubensaft
- 2–3 EL Obstessig
- Salz
- frisch gemahlener schwarzer Pfeffer

1. Backofen auf 200 °C Ober- und Unterhitze (180 °C Umluft) vorheizen. Ringelbete schälen, waschen und in Spalten schneiden. Kräuter waschen, trocken schütteln, Blättchen abzupfen und fein hacken. Für ein Würzöl Kräuter mit Balsamicoessig, 4 EL Olivenöl sowie Salz und Pfeffer marinieren.

2. Würzöl mit den Ringelbetespalten vermischen. Bete auf einem mit Backpapier ausgelegten Backblech verteilen. Im vorgeheizten Backofen auf der mittleren Schiene 30–40 Minuten garen, dabei gelegentlich wenden.

3. Schalotte und Knoblauch abziehen, Schalotte fein würfeln und Knoblauch zerdrücken. Übriges Olivenöl bei mittlerer Temperatur erhitzen, Schalotte und Knoblauch darin anschwitzen. Linsen sowie Lorbeerblatt zufügen und Brühe angießen. Alles aufkochen und bei reduzierter Temperatur abgedeckt etwa 30 Minuten garen. Das Lorbeerblatt wieder entfernen.

4. Für das Dressing Ingwer schälen und fein würfeln. Das Nussöl bei mittlerer Temperatur erhitzen und den Ingwer darin anschwitzen. Zucker zufügen und leicht karamellisieren. Traubensaft und Obstessig angießen und alles auf etwa die Hälfte einkochen. Dressing mit Salz und Pfeffer abschmecken.

5. Linsen mit der Hälfte des Dressings marinieren. Portulak waschen, trocken schütteln und die Blätter abzupfen, Trauben waschen und abtupfen. Ringelbete, Linsen, Portulak und Trauben in Bowls anrichten, mit dem übrigen Dressing beträufeln und servieren.

Rote Bete

AUSSEHEN: fast kugelrunde etwa 10 cm große Knollen mit braunroter Schale und dunkelrotem Anschnitt

---

GESCHMACK: erdig, leicht süßlich, aromatisch

GARZEIT: roher Verzehr möglich, gegart mindestens 30–40 Minuten

---

BESONDERHEITEN/TIPPS: Bei der Zubereitung der Roten Bete empfiehlt es sich unbedingt, Einmalhandschuhe zu tragen, da die Bete stark abfärbt.

SCHMECKT BESONDERS GUT ZU ODER IN: In Eintöpfen oder Suppen, hierbei verleiht Rote Bete den Gerichten nicht nur eine tolle Farbe, sondern auch einen aromatischen Geschmack. Aber auch als Carpaccio oder im Ofen analog einer Ofenkartoffel gegart, schmeckt Rote Bete besonders gut.

SAISON: September bis März

EINKAUF: kleine, pralle Knollen mit glatter, unbeschädigter Haut (größere Knollen sind im Inneren oft holzig)

LAGERUNG: in Papier eingewickelt, im Gemüsefach des Kühlschranks bis zu 4 Wochen haltbar

ROTE-BETE-ROSMARIN-BURGER MIT KAPUZINERKRESSE-AIOLI

Für 4 Personen
Zubereitung: 40 Minuten plus Ruhe- und Backzeit
Schwierigkeit: mittel

- 600 g Rote Bete (möglichst große)
- 1 kleiner Zweig Rosmarin
- 100 ml Rote-Bete-Saft
- ½ Würfel frische Hefe (21 g)
- 1 Ei
- 250 g Weizenmehl (Type 405) plus etwas mehr zum Bearbeiten
- 1 EL Zucker
- Salz
- 40 g weiche Butter
- 1 Knoblauchzehe
- einige Blätter Kapuzinerkresse
- 120 g Salatmayonnaise
- frisch gemahlener schwarzer Pfeffer
- 4 Eisbergsalatblätter
- 80 g Burger-Gurken (in Scheiben, aus dem Glas)

1. Rote Bete schälen, waschen, in etwa 2 cm dicke Scheiben schneiden und in kochendem Wasser 20–30 Minuten garen. Rosmarin waschen, trocken schütteln und die Nadeln abzupfen, fein hacken.

2. Rote-Bete-Saft erwärmen, die Hefe hineinbröckeln und darin auflösen. Ei trennen. Hefemischung, Mehl, Zucker, ½ TL Salz, Butter, die Hälfte des Rosmarins und Eigelb gut verkneten und abgedeckt an einem warmen Ort etwa 1 Stunde gehen lassen.

3. Teig verkneten und zu vier flachen Burgerbrötchen formen. Auf einem mit Backpapier belegten Backblech weitere 20 Minuten gehen lassen. Backofen auf 200 °C Ober- und Unterhitze (180 °C Umluft) vorheizen. Brötchen mit Eiweiß bestreichen, mit übrigem Rosmarin bestreuen und im vorgeheizten Backofen auf der mittleren Schiene 15–20 Minuten backen. Brötchen auf einem Kuchengitter auskühlen lassen.

4. Für die Kapuzinerkresse-Aioli Knoblauch abziehen und zerdrücken. Kapuzinerkresse waschen, trocken schütteln, Blätter abzupfen und ¼ der Blätter fein hacken. Mayonnaise mit Knoblauch sowie gehackter Kapuzinerkresse verrühren, mit Salz und ¼ TL Pfeffer abschmecken.

5. Eisbergsalat waschen und trocken schütteln. Rote-Bete-Scheiben mit Salz und Pfeffer würzen und auf dem Grill auf jeder Seite 4–5 Minuten grillen (alternativ in einer Grillpfanne braten). Brötchen aufschneiden, beide Seiten mit Aioli bestreichen und die unteren Hälften wie folgt belegen: Salat, gegrillte Rote Bete, Burger-Gurken und übrige Kapuzinerkresse. Obere Brötchenhälften auflegen und Burger servieren.

Schwarzwurzeln

AUSSEHEN: erdig braune Wurzel, etwa 30 cm lang und 3 cm dick, weiß im Anschnitt

---

GESCHMACK: fein nussig, würzig, milder als Spargel, Konsistenz wie Pastinake oder Möhre

---

GARZEIT: roher Verzehr möglich

BESONDERHEITEN/TIPPS: Schwarzwurzeln werden auch Winterspargel oder »Spargel des armen Mannes« genannt. Bei der Zubereitung Handschuhe tragen, da aus der Wurzel klebriger Milchsaft austritt, der Hände und Kleidung verfärbt. Wurzel gründlich schälen und unter fließendem Wasser waschen. Um ein Verfärben der vorbereiteten Wurzel zu vermeiden, am besten in eine Schale mit einer Mischung aus Essigwasser und Mehl legen.

SCHMECKT BESONDERS GUT ZU ODER IN: Als Beilage in einer Cremesauce zu Fisch und Fleisch, in Suppen und Eintöpfen, aber auch in Gratins und Aufläufen sowie Salaten

---

SAISON: Mitte Oktober bis Mitte April

EINKAUF: feste unversehrte Stangen

LAGERUNG: in Frischhaltefolie oder einem feuchten Tuch bis zu 2 Wochen im Gemüsefach des Kühlschranks haltbar

KRÄUTER-SEELACHS MIT SCHWARZWURZEL-RISOTTO UND ROTE-BETE-CHIPS

Für 4 Personen
Zubereitung: 1 Stunde
Schwierigkeit: mittel

2 Rote Bete
4 EL Olivenöl
3 EL Weinessig
3 EL Weizenmehl (Type 405)
800 g Schwarzwurzeln
1 EL Butter
200 g Risottoreis
600 ml heiße Brühe
100 ml Weißwein
¼ Bund gemischte Kräuter (z. B. Petersilie, Kerbel, Dill)
800 g Seelachsfilet
1–2 TL Zitronensaft
Salz
Zitronenpfeffer (geschroteter Pfeffer und Zitronenschalengranulat)
4 Frühlingszwiebeln
80 g Parmesan
100 g Crème fraîche

1. Backofen auf 180 °C Ober- und Unterhitze (160 °C Umluft) vorheizen. Für die Rote-Bete-Chips die Bete schälen, waschen und trocken tupfen. In etwa 0,2 cm dünne Scheiben schneiden und auf einem mit Backpapier belegten Backblech verteilen. Rote Bete mit 2 EL Öl beträufeln und im vorgeheizten Backofen auf der mittleren Schiene etwa 30–40 Minuten garen. Dabei die Scheiben zwischendurch wenden.

2. Für den Schwarzwurzel-Risotto Essig, 1 EL Mehl und 1 l kaltes Wasser verrühren. Schwarzwurzeln waschen, schälen und beide Enden abschneiden. Die Wurzeln erneut waschen, schräg in 3 cm lange Stücke schneiden und in das Essigwasser legen, damit sie sich nicht verfärben.

3. Die Butter bei geringer bis mittlerer Temperatur erhitzen und den Risottoreis darin anschwitzen. Schwarzwurzeln abspülen, trocken tupfen, zufügen und ebenfalls anschwitzen. Brühe und Wein nach und nach angießen und den Risotto unter regelmäßigem Rühren etwa 25 Minuten ausquellen lassen.

4. Kräuter waschen, trocken schütteln, Blättchen abzupfen und fein hacken. Seelachsfilet waschen, trocken tupfen, mit Zitronensaft beträufeln und mit Salz sowie Pfeffer würzen. Übriges Mehl mit Kräutern vermischen und den Seelachs darin wenden.
Übriges Öl bei mittlerer Temperatur erhitzen und die Filets darin auf jeder Seite etwa 5 Minuten goldbraun braten.

5. Frühlingszwiebeln putzen, waschen und in Ringe schneiden. Parmesan fein reiben. Risotto mit Parmesan und Crème fraîche verfeinern, dann mit Salz und Pfeffer würzen. Rote-Bete-Chips salzen. Seelachs mit Risotto auf Tellern anrichten, mit Frühlingszwiebeln und Rote-Bete-Chips garniert, servieren.

Steckrüben

AUSSEHEN: runde, spitzzulaufende Wurzeln, gelb-braune Schale, die nach oben hin rötlich wird, weiß-gelber Anschnitt, Gewicht bis zu 2 kg

GESCHMACK: angenehm süßlich-herb

GARZEIT: 15–20 Minuten je nach Zubereitung

BESONDERHEITEN/TIPPS: Je größer und dicker die Rübe ist, desto größer ist die Gefahr, dass diese holzig schmeckt.
Die Garzeit sollte niemals überschritten werden, da die Rüben, zu lange gegart, schnell kohlig schmecken.

SCHMECKT BESONDERS GUT ZU ODER IN: als Püree, in Suppen und Eintöpfen oder in Kombination mit Kartoffeln als Beilage zu Fisch und Fleisch

SAISON: September bis April

EINKAUF: möglichst kleine feste Knollen mit glatter Haut, die Rüben sollten eine glatte Oberfläche und keine Wurmlöcher haben

LAGERUNG: im Gemüsefach des Kühlschranks bis zu 3 Wochen, ohne Blätter im kühlen Keller mehrere Monate haltbar

GEFLÜGEL-STECKRÜBEN-AUFLAUF

Für 4 Personen
Zubereitung: 30 Minuten plus Backzeit für den Auflauf
Schwierigkeit: einfach

- 2 Zweige Rosmarin
- 2 Zweige Thymian
- 1 Zweig Majoran
- 600 g Steckrüben
- 1 Kohlrabi
- 2 Zwiebeln
- 400 g Putenbrust
- Salz
- frisch gemahlener schwarzer Pfeffer
- 2 EL Pflanzenöl
- 300 g Sahne
- 300 ml Milch
- 100 g Frischkäse
- 1 Lorbeerblatt
- 1 altbackenes Brötchen
- 60 g geriebener Emmentaler
- 2–3 EL Amaranth-Pops (ca. 20 g)
- 40 g gehackte Nusskerne (z. B. Haselnusskerne, Mandeln, Walnusskerne)
- 40 g weiche Butter

1. Kräuter waschen, trocken schütteln, Nadeln und Blättchen abzupfen und fein hacken. Steckrüben und Kohlrabi schälen, waschen und würfeln. Zwiebeln abziehen und fein würfeln. Putenbrust waschen, trocken tupfen, in Streifen schneiden und mit Salz sowie Pfeffer würzen.

2. Das Öl bei mittlerer Temperatur erhitzen und das Fleisch darin anbraten. Steckrüben, Kohlrabi und Zwiebeln dazugeben und anschwitzen. Sahne, Milch, Frischkäse, Lorbeer und andere Kräuter dazugeben. Alles aufkochen und bei reduzierter Temperatur etwa 5 Minuten ziehen lassen. Mischung mit Salz sowie Pfeffer würzen und in eine Auflaufform geben.

3. Backofen auf 200 °C Ober- und Unterhitze (180 °C Umluft) vorheizen. Brötchen in einer Küchenmaschine grob zerkleinern (alternativ auf einer Reibe raspeln), mit Käse, Amaranth-Pops und Nusskernen sowie weicher Butter vermischen und in Flöckchen auf dem Auflauf verteilen. Auflauf im vorgeheizten Backofen auf der mittleren Schiene 30–35 Minuten backen und servieren.

Teltower Rübchen

AUSSEHEN: kurze, kegelförmige Wurzeln, etwa 5 cm lang mit einem Durchmesser von etwa 3 cm, weiß-braune Schale, gelbstichiges Fruchtfleisch

---

GESCHMACK: süßlich, leicht scharf, erinnert an Kohlrabi und Rettich

---

GARZEIT: roher Verzehr möglich, gegart 10–15 Minuten

BESONDERHEITEN/TIPPS: besonders kleine Rüben, die nur in der Gegend um Teltow in Brandenburg angebaut werden

---

SCHMECKT BESONDERS GUT ZU ODER IN: Zu Geflügel- oder Lammgerichten, dazu die Rübchen kurz in Salzwasser garen und anschließend in Butter mit Zucker karamellisieren.
Die Rübchen schmecken auch sehr gut roh in Salaten sowie in Gratins und Aufläufen.

SAISON: Mai bis Juni und Oktober bis November

EINKAUF: feste Rüben mit glatter Haut und frischen grünen Blättern

---

LAGERUNG: im Gemüsefach des Kühlschranks 1–2 Wochen haltbar

SPARERIBS MIT TELTOWER RÜBCHEN

Für 4 Personen
Zubereitung: 50 Minuten plus Garzeit der Rippchen
Schwierigkeit: mittel

Für die Spareribs
- 1,2 kg Rippchen (Spareribs)
- Salz
- 1 Lorbeerblatt
- 80 g Ketchup
- 3 TL körniger Senf
- 6 EL Honig
- ½ TL Fenchelsamen
- frisch gemahlener schwarzer Pfeffer

Für den Kressedip
- 1 Beet Kresse
- 200 g Joghurt
- Salz
- frisch gemahlener schwarzer Pfeffer

Für die Rübchenwaffeln
- 200 g Teltower Rübchen
- 125 g weiche Butter plus etwas mehr für das Waffeleisen
- Salz
- 2 Eier
- 250 g Weizenmehl (Type 405)
- 1 TL Backpulver
- 30 g gehackte Haselnüsse
- 200 ml Buttermilch

Für die Butterrübchen
- 600 g Teltower Rübchen
- 1 EL Meersalzbutter
- frisch gemahlene Muskatnuss
- frisch gemahlener schwarzer Pfeffer

1. Rippchen waschen, trocken tupfen und in breite Stücke schneiden. In kochendem Salzwasser mit Lorbeerblatt etwa 1 Stunde garen. Herausnehmen und etwas abkühlen lassen. Für die Marinade Ketchup, Senf, Honig und Fenchel verrühren, mit Salz sowie Pfeffer würzen und die Rippchen damit bestreichen.

2. Backofen auf 200 °C Ober- und Unterhitze (180 °C Umluft) vorheizen. Rippchen auf ein Backblech legen und im vorgeheizten Backofen auf der mittleren Schiene etwa 30 Minuten fertiggaren.

3. Für den Dip Kresse vom Beet schneiden, mit Joghurt verrühren und mit Salz sowie Pfeffer würzen.

4. Für die Waffeln die Rübchen schälen, waschen und fein raspeln. Butter und ¾ TL Salz schaumig schlagen, Eier einzeln unterrühren. Mehl, Backpulver, Nüsse und Buttermilch zufügen und alles gut verrühren. Teig in einem gut gefetteten Waffeleisen zu goldbraunen Waffeln ausbacken.

5. Für das Gemüse die Rübchen schälen, waschen und in Stücke schneiden. Die Butter bei mittlerer Temperatur erhitzen und die Rübchen darin 10–15 Minuten anschwitzen, mit Muskat und Pfeffer würzen. Rippchen mit Rübchenwaffeln, Butterrübchen und Kressedip auf Tellern anrichten und servieren.

TIPP

Die Rippchen schmecken besonders würzig, wenn Sie sie mindestens 12 Stunden marinieren.

Topinambur

AUSSEHEN: Das Wurzelgemüse ist eine Sonnenblumenart, mit vielen Wurzeln, an denen besonders geformte, birnenförmige, ungleichmäßige Knollen mit bräunlicher (manchmal leicht violetter) Schale und hellem Anschnitt wachsen.

GESCHMACK: angenehm nussig, roh ist der Geschmack artischockenähnlich und gegart leicht süßlich

---

GARZEIT: roher Verzehr möglich, gegart je nach Zubereitungsart 10–25 Minuten

---

BESONDERHEITEN/TIPPS: Für leichteres Schälen die Knollen kurz in kochendem Wasser blanchieren, kalt abschrecken und die Schale einfach abziehen. Da sich die rohen, geschälten Knollen an der Luft schnell bräunlich verfärben, am besten mit etwas Zitronensaft beträufeln und zügig verarbeiten. Wegen seines hohen Gehalts an Inulin (ein prebiotischer, wasserlöslicher Ballaststoff) wirkt Topinambur blähend – die Darmflora muss sich erst daran gewöhnen. Darum mit kleinen Mengen beginnen.

SCHMECKT BESONDERS GUT ZU ODER IN: Geraspelt oder als gegarte Scheiben im Salat, zu Puffern gebraten, als Püree oder in Aufläufen und Gratins. Der nussige Geschmack passt aber auch sehr gut zu Suppen, Chips und selbstgebackenem Brot. Süßliche Alternative zu Kartoffeln. Wird auch als »Kartoffel der Diabetiker« bezeichnet, da die Wurzel im Gegensatz zu Kartoffeln keine Stärke, sondern Inulin enthält.

SAISON: Mitte Oktober bis Anfang April

EINKAUF: Glatte, glänzende und feste Knollen sind ein Zeichen für Frische.

LAGERUNG: Ungewaschen in Folie oder einem feuchten Tuch 2–3 Tage im Kühlschrank haltbar. Durch die dünne Schale verdunstet schnell Feuchtigkeit, wodurch die Haltbarkeit begrenzt ist.

KRÄUTERFILET MIT HONIG-TOPINAMBUR

Für 4 Personen
Zubereitung: 1 Stunde
Schwierigkeit: einfach

- 4 Stängel Kerbel
- 4 Stängel Petersilie
- 4 Stängel Liebstöckel
- 1 TL mittelscharfer Senf
- 4 EL Rapsöl
- Salz
- frisch gemahlener bunter Pfeffer
- 800 g Schweinefilet
- 4 große Scheiben roher Schinken
- 800 g Topinambur
- 1 EL Butter
- 1 EL Honig
- 800 g Süßkartoffeln

Außerdem

- kleine Holzspieße
- Kräuter zum Garnieren

1. Kräuter waschen, trocken schütteln, Blättchen abzupfen und fein hacken. Senf, 2 EL Öl und Kräuter verrühren, mit Salz und Pfeffer würzen. Filet in vier Portionen schneiden, trocken tupfen und mit der Kräutermarinade bestreichen. Mit Schinken umwickeln und den Schinken mit kleinen Holzspießen fixieren.

2. Backofen auf 200 °C Ober- und Unterhitze (180 °C Umluft) vorheizen. Das übrige Öl bei mittlerer Temperatur erhitzen und die Filetstücke darin rundum etwa 10 Minuten anbraten. In eine Auflaufform legen und im vorgeheizten Backofen auf der mittleren Schiene weitere 20–30 Minuten garen.

3. Topinambur schälen, waschen und in Stücke schneiden. Butter, Honig und ½ TL Pfeffer bei geringer bis mittlerer Temperatur erhitzen. Topinambur dazugeben und in der Honig-Pfeffer-Butter 10–15 Minuten dünsten. Am Ende der Garzeit mit Salz abschmecken.

4. Süßkartoffeln schälen, waschen, in Stücke schneiden, in Salzwasser etwa 10–15 Minuten garen, abgießen und mithilfe eines Kartoffelstampfers leicht andrücken.

5. Kräuterfilet mit Honig-Topinambur und Süßkartoffeln auf Tellern anrichten, nach Belieben mit Kräutern garnieren und servieren.

Austernpilze

AUSSEHEN: hell-beige, kelchförmige Pilze. Der Kelchdurchmesser kann bis zu 15 cm groß werden. Die Kelchränder sind leicht nach unten gebogen.

GESCHMACK: waldpilzartig, würzig, leichte Pfeffernote, erinnert an Kalbsfleisch

---

GARZEIT: Roh sind Austernpilze schwer verdaulich und ungenießbar. Wenige Minuten Garzeit in der Pfanne oder im Kochtopf reichen aber schon aus, um aus ihnen eine Delikatesse zu machen.

BESONDERHEITEN/TIPPS: Pilze sollten nie mit Wasser gewaschen werden, da sie sich wie Schwämme damit vollsaugen. Mit einem Pinsel oder Küchenpapier können Pilze gut gesäubert werden. Große Austernpilze lassen sich gut als vegetarisches Schnitzel verarbeiten.

SCHMECKT BESONDERS GUT ZU ODER IN: Klassisch zu Geschnetzeltem oder als Ragout, aber auch in asiatischen Gemüsepfannen sowie als aromatische Beilage zu Steaks und Filet. Besonders lecker auch in Kombination mit Nudeln.

SAISON: Anfang November bis Ende Januar

EINKAUF: Weißer Belag auf den Pilzen ist ein natürliches Geflecht des Pilzes. Grüner Belag hingegen ist ein Zeichen für Schimmelbefall.

LAGERUNG: im Gemüsefach des Kühlschranks, am besten mit einem feuchten Tuch abgedeckt, bis zu 5 Tage haltbar

FLAMMKUCHEN MIT DREIERLEI PILZEN

Für 4 Personen
Zubereitung: 30 Minuten plus Kühl- und Backzeit
Schwierigkeit: einfach

- 250 g Weizenmehl (Type 405) plus etwas mehr zum Bearbeiten
- 5 EL Rapsöl und etwas mehr zum Einfetten
- Salz
- 300 g Austernpilze
- 200 g Kräuterseitlinge
- 200 g Pfifferlinge
- frisch gemahlener schwarzer Pfeffer
- 2 Zweige Thymian
- 1 rotschalige Birne
- 1 Stängel Estragon
- 300 g Schmand
- 100 g geriebener würziger Käse (z. B. Edamer oder Tilsiter)
- ¼ Bund glatte Petersilie

1. Für den Teig Mehl, 3 EL Öl, 120 ml kaltes Wasser und ¼ TL Salz glatt verkneten. Den Teig zu einer Kugel formen, in Folie wickeln und etwa 30 Minuten kalt stellen.

2. Für den Belag Pilze putzen und je nach Größe in Stücke schneiden. Übriges Öl bei mittlerer Temperatur erhitzen, Pilze darin 5–8 Minuten braten und mit Salz sowie Pfeffer würzen. Thymian waschen, trocken schütteln und Blättchen abzupfen. Birne waschen, halbieren, vom Kerngehäuse befreien und in dünne Spalten schneiden. Estragon waschen, trocken schütteln, Blättchen abzupfen und fein hacken. Schmand mit Estragon verrühren sowie mit Salz und Pfeffer würzen.

3. Backofen auf 220 °C Ober- und Unterhitze (200 °C Umluft) vorheizen. Teig auf einem mit Backpapier belegten Backblech ausrollen und mit der Schmandcreme bestreichen. Pilze und Birne darauf verteilen, mit Käse und Thymian bestreuen und im vorgeheizten Backofen auf der mittleren Schiene 15–20 Minuten backen.

4. Petersilie waschen, trocken schütteln, Blättchen abzupfen und grob hacken. Flammkuchen in Stücke schneiden, mit Petersilie bestreuen und servieren.

TIPP

Wenn es schnell gehen soll, können Sie auch fertigen Flammkuchenteig aus dem Kühlregal verwenden.

Kräuterseitlinge

AUSSEHEN: weiße, feste, bauchige Stiele und kleine braune, feste, flache Hüte

---

GESCHMACK: leicht nussig, mild, erinnert an Champignon und Steinpilz

---

GARZEIT: roher Verzehr möglich, gebraten etwa 10 Minuten

BESONDERHEITEN/TIPPS: Pilze sollten nie mit Wasser gewaschen werden, da sie sich wie Schwämme damit vollsaugen. Mit einem Pinsel oder Küchenpapier können Pilze vorsichtig gesäubert werden. Reich an Ballaststoffen und Eiweiß, besonders für Vegetarier und Veganer eine gute Proteinalternative zu Fleisch.

SCHMECKT BESONDERS GUT ZU ODER IN: in Olivenöl gedünstet zu Wild, Lamm oder Eiergerichten, aber auch in Risotto oder Suppen

---

SAISON: Nur aus dem Zuchtanbau erhältlich und dadurch ganzjährig verfügbar.

EINKAUF: Solange das Stielende noch nicht angetrocknet ist, sind die Kräuterseitlinge noch frisch.

LAGERUNG: im Gemüsefach des Kühlschranks, am besten mit einem feuchten Tuch abgedeckt, 5–8 Tage haltbar

PASTA MIT KRÄUTERSEITLINGEN

Für 4 Personen
Zubereitung: 30 Minuten
Schwierigkeit: einfach

300 g Kirschtomaten
4 EL Olivenöl
Salz
frisch gemahlener schwarzer Pfeffer
2 Zweige Oregano
400 g Kräuterseitlinge
4 Frühlingszwiebeln
1–2 EL Meersalzbutter
400 g Pasta nach Belieben
60 g Parmesan

1. Backofen auf 200 °C Ober- und Unterhitze (180 °C Umluft) vorheizen. Tomaten waschen, abtupfen und mit Öl vermischen. Mit Salz und Pfeffer würzen und in eine kleine Auflaufform legen. Oregano waschen, trocken schütteln und zu den Tomaten legen. Im vorgeheizten Backofen auf der mittleren Schiene 10–15 Minuten garen, bis die Tomaten leicht aufplatzen.

2. Kräuterseitlinge putzen und in Scheiben schneiden. Frühlingszwiebeln putzen, in Ringe schneiden und waschen. Butter bei mittlerer Temperatur erhitzen und Kräuterseitlinge darin anbraten. Mit Salz und Pfeffer würzen und herausnehmen. Frühlingszwiebeln im verbliebenen Bratfett anschwitzen.

3. Pasta nach Packungsanweisung zubereiten und abgießen. Tomaten mit Öl (Oregano entfernen), Kräuterseitlingen und Frühlingszwiebeln unter die Pasta heben. Auf Pastatellern anrichten, Parmesan frisch darüberreiben und servieren.

Pfifferlinge

AUSSEHEN: goldgelber, trichterförmiger Hut mit unregelmäßig, welligem Rand 2–10 cm Durchmesser und 3–6 cm langer Stiel

GESCHMACK: würzig-pfeffriger Geschmack mit festem Biss

GARZEIT: roher Verzehr möglich, gebraten etwa 10 Minuten

BESONDERHEITEN/TIPPS: Mit dem Mehltrick lassen sich hartnäckige Verschmutzungen besonders gut von Pfifferlingen entfernen. Dafür etwas Mehl über den Pilzen verteilen und mit einem Küchentuch vorsichtig darüberreiben. Das Mehl bindet den Schmutz an den Pfifferlingen. Dann die Pilze sehr kurz abwaschen und mit Küchenpapier trocken tupfen. Frische Pfifferlinge duften nach Aprikose.
Man sollte nicht öfter als einmal pro Woche Pfifferlinge verzehren, da diese Schwermetalle speichern können.

SCHMECKT BESONDERS GUT ZU ODER IN: als Beilage, in Salaten, zu Pasta oder Wild, aber auch als Hauptgericht mit Speck gebraten

SAISON: Anfang Juni bis Ende November

EINKAUF: frisch duftend, goldbraunes Aussehen, Stielenden dürfen nicht angetrocknet sein

LAGERUNG: im Gemüsefach des Kühlschranks, am besten mit einem feuchten Tuch abgedeckt, 2–3 Tage haltbar

PORTWEIN-CREME-PFIFFERLINGE MIT KARTOFFEL-RÖSTI-ROLLE

Für 4 Personen
Zubereitung: 50 Minuten plus Backzeit der Rösti-Rolle
Schwierigkeit: mittel

- 30 g Walnusskerne
- 4 Stängel Majoran
- 100 g mittelalter Gouda
- 850 g vorwiegend festkochende Kartoffeln
- 2 Eier
- 2 EL Weizenmehl (Type 405)
- Salz
- frisch gemahlener schwarzer Pfeffer
- 2 EL Rapsöl plus 1 TL für das Backpapier
- 400 g Blattspinat
- 1 Knoblauchzehe
- 120 g Frischkäse
- 500 g Pfifferlinge
- 1 Schalotte
- 100 g Crème fraîche
- 100 ml Gemüsebrühe
- 20 ml Portwein

1. Für die Rösti-Rolle Backofen auf 200 °C Ober- und Unterhitze (180 °C Umluft) vorheizen. Walnusskerne sehr fein hacken. Majoran waschen, trocken schütteln, Blättchen abzupfen und fein hacken. Gouda reiben. Kartoffeln schälen, waschen, raspeln und gut ausdrücken.

2. Kartoffelraspel mit Walnusskernen, der Hälfte des Majorans, Käse, Eiern und Mehl vermengen, mit ¾ TL Salz und ½ TL Pfeffer würzen. Rösti-Mischung auf einem sehr gut gefetteten Backpapier auf einem Backblech verstreichen, gut andrücken und im vorgeheizten Backofen auf der mittleren Schiene etwa 20 Minuten backen.

3. Für die Füllung Spinat verlesen, waschen und trocken schütteln. Knoblauch abziehen und zerdrücken. Spinat sowie Knoblauch in 1 EL bei geringer bis mittlerer Temperatur erhitztem Öl etwa 5 Minuten anschwitzen. Frischkäse unterrühren und die Füllung mit ½ TL Salz sowie ¼ TL Pfeffer würzen. Spinatmischung auf der vorgebackenen Rösti-Masse verteilen und mithilfe des Backpapiers vorsichtig aufrollen. Weitere 20 Minuten im Backofen garen.

4. Pfifferlinge gründlich putzen. Schalotte abziehen und fein würfeln. Übriges Öl bei mittlerer Temperatur erhitzen, Pfifferlinge und Schalotte darin etwa 5 Minuten anschwitzen. Crème fraîche und Brühe zufügen, alles aufkochen und bei reduzierter Temperatur etwa 5 Minuten garen. Pfifferlinge mit Portwein und übrigem Majoran verfeinern, mit Salz und Pfeffer abschmecken.

5. Rösti-Rolle vorsichtig mit einem scharfen Messer in Scheiben schneiden, mit den Portwein-Creme-Pfifferlingen auf Tellern anrichten und servieren.

Steinpilze

AUSSEHEN: halbrunder, haselnussbrauner Hut mit 5–15 cm Durchmesser, bauchiger, beige-weißer Stiel

GESCHMACK: nussig milder Pilzgeschmack

GARZEIT: roher Verzehr möglich, aber unüblich. In der Regel ganz kurz (1–2 Minuten) braten oder dünsten.

BESONDERHEITEN/TIPPS: Pilze sollten nie mit Wasser gewaschen werden, da sie sich wie Schwämme damit vollsaugen. Mit einem Pinsel oder Küchenpapier können vorsichtig Erdreste entfernt werden. Bei Steinpilzgerichten sollte man mit Gewürzen sparen, um den feinen, milden Geschmack nicht zu überdecken. Man sollte nicht öfter als einmal pro Woche Steinpilze verzehren, da diese Schwermetalle speichern können.

SCHMECKT BESONDERS GUT ZU ODER IN: Gedünstet mit Sahne und Petersilie zu Pasta oder ganz fein gehobelt mit Öl und Essig als Carpaccio. Auch als Belag für Pizza, Quiche, Tarte und Flammkuchen.

EINKAUF: frische, glatte Haut, Stielende nicht angetrocknet

LAGERUNG: Licht und Luft lassen den Pilz trocknen, Wärme und Feuchtigkeit hingegen lassen ihn schmierig werden. Am besten sollte der Steinpilz nach dem Sammeln oder Einkauf innerhalb von1–2 Tagen verzehrt werden.

STEINPILZOMELETT MIT FELDSALAT

Für 4 Personen
Zubereitung: 50 Minuten
Schwierigkeit: einfach

¼ Bund glatte Petersilie
200 g Feldsalat
2 Scheiben Toastbrot
1 TL Butter
100 g Bacon
1 kleine mehligkochende Kartoffel
100 ml Gemüsebrühe
200 g Sahne
1–2 EL Obstessig
1 TL Honig
Salz
frisch gemahlener schwarzer Pfeffer
400 g Steinpilze
1 Schalotte
1 EL Butterschmalz
8 Eier
frisch gemahlene Muskatnuss

1. Petersilie waschen, trocken schütteln, Blättchen abzupfen und fein hacken. Feldsalat putzen, waschen und trocken schütteln.

2. Toastbrot würfeln. Butter bei mittlerer Temperatur erhitzen und Brotwürfel darin knusprig rösten, herausnehmen. Bacon in Streifen schneiden und im verbliebenen Bratfett knusprig braten.

3. Für das Dressing Kartoffel schälen, waschen und würfeln. Mit Brühe aufkochen und bei reduzierter Temperatur etwa 15 Minuten garen, etwas abkühlen lassen und pürieren. Mit etwa 50 g Sahne, Essig und der Hälfte der Petersilie verrühren. Mit Honig, Salz und Pfeffer würzen.

4. Steinpilze putzen und in Scheiben schneiden, Schalotte abziehen und fein würfeln. 1 TL Butterschmalz bei mittlerer Temperatur erhitzen, Steinpilze und Schalotte darin goldbraun braten. Steinpilzmischung mit Salz, Pfeffer sowie Muskat würzen und herausnehmen.

5. Eiermischung vierteln und in etwas erhitztem Butterschmalz jeweils etwa 3 Minuten zu einem Omelette stocken lassen. Steinpilzmischung auf einer Hälfte des Omeletts verteilen und die andere Hälfte des Omeletts über die Pilze klappen. Weitere drei Omeletts ebenso zubereiten.

6. Salat mit dem Dressing beträufeln, mit Croûtons und Bacon garnieren und zu den Omeletts servieren.

Porree

AUSSEHEN: Sommerporree zeigt einen eher dünnen und besonders zarten Schaft; das Grün ist relativ hell. Bei Herbst- und Winterporree ist der Schaft kürzer, dicker und weißlich, der obere dunkel- bis blaugrüne Teil fällt besonders lang aus.

GESCHMACK: Der weiße Teil ist fein, zart und schmeckt süßlich bis leicht scharf. Der grüne Teil enthält viel gesundes Beta-Carotin, ist fester und kräftig bis brennend-würzig. Die schwefelhaltigen ätherischen Öle geben dem Porree den typischen Geschmack.

GARZEIT: Die holzigen grünen Blätter sollten vom zarten, weißen Teil getrennt zubereitet werden, da sie mit 3–8 Minuten unterschiedliche Garzeiten haben.

BESONDERHEITEN/TIPPS: Den grünen Teil des Porree feiner schneiden und blanchieren, um ihn abzumildern. Vor der Verarbeitung das Wurzelende und verwelkte Teile entfernen. Anschließend der Länge nach aufschneiden und unter fließenden Wasser sehr gründlich säubern und in die gewünschte Form schneiden.

SCHMECKT BESONDERS GUT ZU ODER IN: Als Beilage mit heller Sauce, aber auch in Suppen, Eintöpfen und Aufläufen sowie Quiche und Tarte. Sommerlauch auch fein geschnitten in Salaten.

SAISON: ganzjährig

EINKAUF: feste, fächerhaft nach oben stehende Stangen mit weißen Wurzelhaaren

LAGERUNG: 1–2 Wochen im Gemüsefach des Kühlschranks haltbar

HIRSCHSTEAK MIT PORREE-SÜSSKARTOFFEL-PLÄTZCHEN

Für 4 Personen
Zubereitung: 40 Minuten
Schwierigkeit: mittel

- 1 große rote Paprikaschote
- 1 kleine rote Chilischote
- 125 g Gelierzucker 2:1
- 100 ml roter Traubensaft
- 3–5 EL roter Balsamicoessig
- feines Meersalz
- 500 g Süßkartoffeln
- 4 Hirschsteaks
- frisch gemahlener schwarzer Pfeffer
- 2–3 EL Butterschmalz
- 2 dünne Stangen Porree
- 2 Eier
- 80 g Weizenmehl (Type 405)

1. Für eine Paprika-Trauben-Konfitüre Paprika und Chili halbieren, von Stielansätzen und Samen befreien. Schoten waschen und fein würfeln. Beides mit Gelierzucker, Traubensaft, Essig und ½ TL Salz vermischen und bei mittlerer Temperatur 5 Minuten kochen. Konfitüre grob pürieren, bei hoher Temperatur weitere 5 Minuten sprudelnd kochen lassen und in ein Glas füllen.

2. Für die Plätzchen Süßkartoffeln gründlich waschen und in kochendem Salzwasser 10–15 Minuten garen. Backofen auf 120 °C Ober- und Unterhitze (100 °C Umluft) vorheizen. Steaks trocken tupfen und mit Salz und Pfeffer würzen. 1 EL Butterschmalz bei mittlerer bis hoher Temperatur erhitzen und die Steaks darin auf jeder Seite etwa 3 Minuten anbraten. Steaks auf ein Backblech legen und im vorgeheizten Backofen auf der mittleren Schiene weitere 10–15 Minuten (je nach gewünschter Garstufe) garen.

3. Süßkartoffeln etwas abkühlen lassen, pellen und grob reiben. Porree putzen, waschen und in sehr feine Ringe schneiden. Mit Süßkartoffeln, Eiern und Mehl vermengen sowie mit Salz und Pfeffer würzen. Aus dem Kartoffelteig kleine Plätzchen formen. Das übrige Butterschmalz bei mittlerer bis hoher Temperatur erhitzen und die Plätzchen darin unter Wenden etwa 10 Minuten goldbraun braten.

4. Steaks mit Porree-Süßkartoffel-Plätzchen und Paprika-Trauben-Konfitüre auf Tellern anrichten und servieren.

TIPP

Die Konfitüre kann auch prima in größeren Mengen zubereitet und in Schraubdeckelgläsern aufbewahrt werden.

Knollensellerie

AUSSEHEN: faustgroße Knollen mit einer knorrigen, gelblich-weißen bis bräunlichen Schale

GESCHMACK: Die aromatische Knolle, die eigentlich zu den Rüben gezählt wird, enthält einen hohen Anteil an ätherischen Ölen. Diese geben dem Knollensellerie den charakteristischen herb-frischen Geruch und Geschmack.

GARZEIT: etwa 15 Minuten

BESONDERHEITEN/TIPPS: Nach dem Anschneiden verfärbt sich das weiße Fleisch sehr schnell, deshalb empfiehlt sich das Beträufeln mit Zitronensaft oder die sofortige Weiterverarbeitung.

SCHMECKT BESONDERS GUT ZU ODER IN: Unverzichtbar als Zutat im Suppengrün. Püriert als Beilage oder Basis für cremige Suppen, Aufläufe oder Soufflés. Schmeckt auch als Fleischersatz in Form von gekochten, panierten und gebratenen Selleriescheiben. Ein Rezeptklassiker, der Obst und Sellerie vereint, ist der Waldorfsalat. Ende des 19. Jahrhunderts bestand er ursprünglich aus drei Grundzutaten: Äpfel, Sellerie und cremiger Mayonnaise. Mittlerweile gibt es viele Varianten dieses Salates, z. B. mit gehackten Walnüssen, Mandarinen oder Geflügel. Sellerie eignet sich auch als Low-Carb-Alternative zu Kartoffelpüree.

SAISON: Freilandernte Juli bis November

EINKAUF: Knollen beim Kauf auf Festigkeit prüfen, sie sollten auf Druck nicht nachgeben.

LAGERUNG: etwa 1 Woche im Gemüsefach des Kühlschranks haltbar

SELLERIESCHNITZEL IN HAFERFLOCKEN-AMARANTH-PANADE

Für 4 Personen
Zubereitung: 50 Minuten
Schwierigkeit: mittel

2 rote Paprikaschoten
2 Zwiebeln
2 Knoblauchzehen
4–5 EL Sonnenblumenöl
1–2 TL brauner Rohrzucker
2 EL Tomatenmark
200 g passierte Tomaten (aus dem Glas)
800 g Knollensellerie
2 l Gemüsebrühe
2 Eier
Salz
frisch gemahlener schwarzer Pfeffer
3–4 EL Paniermehl
3–4 EL zarte Haferflocken
3–4 EL Amaranth-Pops
3–4 EL Weizenmehl (Type 405)
Paprikapulver edelsüß
Paprikapulver rosenscharf
Chiliflocken

1. Backofen auf 250 °C mit zugeschalteter Grillfunktion vorheizen. Paprika vierteln, von Stielansätzen und Samen befreien und waschen. Zwiebeln und Knoblauch abziehen, Zwiebeln würfeln und Knoblauch in Scheiben schneiden.

2. Paprika, Zwiebeln und Knoblauch mit 1 EL Öl vermischen, auf einem Backblech verteilen und im vorgeheizten Backofen auf der mittleren Schiene 10–15 Minuten rösten, bis die Paprika dunkle Spitzen bekommt. Paprikamischung herausnehmen. Paprika für einige Minuten in einen Gefrierbeutel geben. Paprika häuten und fein würfeln.

3. 1 EL Öl bei mittlerer Temperatur erhitzen. Paprika sowie Zwiebeln und Knoblauch vom Blech darin anbraten. Mit Zucker bestreuen, Tomatenmark zufügen und anrösten. Passierte Tomaten und 200 ml Wasser zufügen, alles aufkochen und abgedeckt bei reduzierter Temperatur 10–15 Minuten köcheln.

4. Sellerie schälen, waschen und in etwa 1,5 cm dicke Scheiben schneiden. Die Brühe aufkochen und den Sellerie darin etwa 5 Minuten blanchieren, dann herausnehmen und etwas abkühlen lassen. Eier verquirlen und mit Salz und Pfeffer würzen. Paniermehl, Haferflocken und Amaranth-Pops vermischen.

5. Selleriescheiben erst in Mehl, dann in verquirltem Ei und anschließend in der Paniermehlmischung wenden. Selleriescheiben im übrigen, bei mittlerer Temperatur erhitzten Öl auf jeder Seite etwa 4 Minuten goldbraun braten.

6. Sauce mit Salz, Pfeffer, Paprika und Chili abschmecken. Selleriescheiben auf Tellern anrichten und mit der Sauce servieren.

Stangensellerie

AUSSEHEN: Beim Stangensellerie, der auch auf den Namen Stauden- oder Bleichsellerie hört, werden die verdickten Stängel der Pflanze, lange, fleischige und gerippte Stiele mit zartem Grün, verarbeitet.

GESCHMACK: Durch die reichlich darin enthaltenen ätherischen Öle bekommt der Sellerie seinen typischen Geschmack. Sie verleihen ihm eine bekömmliche, entwässernde und den Stoffwechsel anregende Wirkung.

GARZEIT: 10–15 Minuten

BESONDERHEITEN/TIPPS: Die zarten hellgrünen Blätter vom Staudensellerie können wie frische Kräuter zum Servieren, für ein Salatdressing oder für ein Kräuteröl verwendet werden.

SCHMECKT BESONDERS GUT ZU ODER IN: Stangensellerie roh z. B. in Salaten, gekocht oder gebraten verzehren. Dient als würzige Bereicherung für viele Rezepte, ob Aufläufe, Pfannengerichte oder als aromatische Beilage. Stangensellerie ist wesentlicher Bestandteil des berühmten New Yorker Cocktails »Bloody Mary« , der vorzugsweise mit Selleriesalz gewürzt und zusätzlich mit einer Selleriestange serviert wird.

SAISON: zwischen Juni und Oktober

EINKAUF: Die einzelnen Stängel sollten knackig und fest sein sowie hell- bis dunkelgrün und fleckenfrei aussehen. Die Blättchen sollten grün und frisch aussehen.

LAGERUNG: bis zu 2 Wochen im Gemüsefach des Kühlschranks haltbar

GEMÜSE-POKE-BOWL

Für 4 Personen
Zubereitung: 40 Minuten
Schwierigkeit: einfach

- 400 g Kürbis (z. B. Hokkaido)
- 40 g Walnusskerne
- 1 kleiner Zweig Rosmarin
- 4 EL Olivenöl
- 1–2 TL Orangenblütenhonig
- Salz
- frisch gemahlener schwarzer Pfeffer
- 1 Bund Stangensellerie
- 1 Bund Radieschen
- 2 rote Zwiebeln
- ¼ Rotkohl (etwa 400 g)
- 2–3 EL Apfelessig
- 2 große Karotten
- 3 EL Rapsöl
- 6 EL Apfelsaft
- 1–2 TL Agavendicksaft
- 1 Msp. gemahlener Safran
- 4 Scheiben Körnerknäckebrot

1. Backofen auf 200 °C Ober- und Unterhitze (180 °C Umluft) vorheizen. Kürbis waschen, trocken tupfen und würfeln. Walnusskerne grob hacken. Rosmarin waschen, trocken schütteln, Nadeln abzupfen und fein hacken.

2. Kürbis, Walnusskerne, Rosmarin, Olivenöl und Honig vermischen, mit Salz und Pfeffer würzen. Kürbismischung auf einem mit Backpapier belegten Backblech verteilen und im vorgeheizten Backofen auf der mittleren Schiene 20–30 Minuten garen.

3. Sellerie putzen, waschen und in Scheiben schneiden. Radieschen putzen, waschen und ebenfalls in Scheiben schneiden. Zwiebeln abziehen und in feine Ringe schneiden. Rotkohl putzen und fein raspeln. Mit 1 EL Essig und etwas Salz sehr gut durchkneten. Karotten schälen, waschen und in dünne Scheiben hobeln.

4. Für das Dressing Rapsöl, übrigen Essig, Apfelsaft und Agavendicksaft mit Safran verrühren, mit Salz und Pfeffer würzen.

5. Salatzutaten dekorativ in Bowls anrichten, mit dem Dressing beträufeln und mit Knäckebrot servieren.

Spargel

AUSSEHEN: Weißer Spargel wächst unter der Erde. Er wird gestochen, sobald sich auf den Beeten kleine Hügel zeigen, aber der Spargel noch nicht sichtbar ist. Anschließend wird das Spargelbeet sorgfältig glatt gestrichen. Als violetter Spargel wird weißer Spargel mit leicht lilafarbenen Köpfen bezeichnet, die entstehen, wenn diese beim Wachsen Licht abbekommen. Das ist häufig nur schwer zu verhindern, da Spargel am Tag bis zu sieben Zentimeter wachsen kann. Grüner Spargel wächst über der Erde und erhält so seine leuchtend grüne Farbe. Man braucht ihn nur im unteren Drittel schälen, weil er nicht holzig wird.

GARZEIT: grüner Spargel etwa 5 Minuten, weißer Spargel, je nach Dicke der Stangen 8–12 Minuten

---

BESONDERHEITEN/TIPPS: Bei Spargel unterscheidet man üblicherweise nach Handelsklasse Extra, I und II und zudem nach Sorte eins bis vier. Als Handelsklasse Extra können Spargelstangen bezeichnet werden, die frisch, makellos und gleichmäßig gewachsen sind, mindestens 12 mm Durchmesser aufweisen und geschlossene Köpfe haben. In der Handelsklasse I sind auch dünnere Stangen erlaubt, die teilweise ein wenig krumm sein dürfen. In der Handelsklasse II wird der sogenannte Bruchspargel verkauft, der sehr krumm und ungleichmäßig sein kann. Auch die Schalen des Spargels können z. B. für Brühen oder als Saucenbasis verwendet werden. Spargel kann auch roh gegessen werden, dann fehlt aber der typische Geschmack, da sich der erst beim Kochen bildet.

SCHMECKT BESONDERS GUT ZU ODER IN: Spargel eignet sich besonders gut für Suppen, Eintöpfe oder Aufläufe. Sehr beliebt sind auch klassische Stangenspargelgerichte mit weißem oder violettem Spargel. Grüner Spargel passt hingegen gut als Beilage zu Fisch oder Fleisch oder auch zum Pastagericht.

SAISON: Die traditionelle Spargelsaison beginnt je nach Wetterlage schon im März und endet immer am Johannistag, dem 24. Juni. Diese Zeitspanne führt auf eine alte Bauernregel zurück, die nach wie vor gültig ist, um dem Spargel ausreichend Regenerierungszeit zu gewähren, damit dieser neue Sprossen für das nächste Jahr bilden kann.

EINKAUF: Feuchte Schnittenden und geschlossene Köpfe zeigen die Frische des Spargels an. Die Stangen sollten beim Aneinanderreiben leicht quietschen.

LAGERUNG: Zum Aufbewahren grünen Spargel am besten in ein hohes Gefäß mit etwas Wasser stellen. Weißen und violetten Spargel in ein feuchtes Küchentuch einwickeln.
So bleibt er im Kühlschrank
mindestens 3 Tage frisch.

SPARGEL-FLAMMKUCHEN MIT LANDSCHINKEN

Für 4 Personen
Zubereitung: 40 Minuten plus Backzeit
Schwierigkeit: mittel

- 500 g weißer Spargel
- 400 g grüner Spargel
- 4 Frühlingszwiebeln
- 2 Zweige Thymian
- 2 Eier
- 200 g Crème fraîche
- 100 g geriebener Käse (z. B. mittelalter Gouda)
- Salz
- frisch gemahlener schwarzer Pfeffer
- 40 g Landschinken
- 250 g Dinkelmehl (Type 1050)
- Salz
- 135 g kalte Butter
- 1 EL Essig
- 1 Eigelb

1. Für den Belag Spargel putzen. Den weißen Spargel ganz und den grünen Spargel nur im unteren Drittel schälen. Frühlingszwiebeln putzen, waschen und in Ringe schneiden. Thymian waschen, trocken schütteln, Blättchen abzupfen und fein hacken. Eier und Crème fraîche verrühren, Frühlingszwiebeln, Thymian und die Hälfte des Käses zufügen sowie mit Salz und Pfeffer würzen. Schinken in Streifen schneiden.

2. Backofen auf 200 °C Ober- und Unterhitze (180 °C Umluft) vorheizen. Mehl, ½ TL Salz, Butter, Essig und 4–6 EL eiskaltes Wasser zu einem glatten Teig verkneten. Den Teig auf einem mit Backpapier belegten tiefen Backblech ausrollen.

3. Crème-fraîche-Mischung auf dem Spargel verteilen, mit übrigem Käse bestreuen und im vorgeheizten Backofen auf der mittleren Schiene 25–30 Minuten goldbraun backen. Spargel-Flammkuchen mit Schinken belegen, in Stücke schneiden und servieren.

Spinat

AUSSEHEN: Die Blätter sollten knackig-frisch sein und eine kräftig grüne Farbe haben. Spinat ist ein populäres grünes Sommer- oder Wintergemüse. Der Sommerspinat ist heller im Grün und zarter in Blatt, Stiel und Geschmack, der Winterspinat ist insgesamt kräftiger. Weiterhin gibt es Baby-Spinat mit besonders kleinen, zarten Blättchen.

GARZEIT: Nicht länger als etwa 2–3 Minuten in kochendem Wasser garen und anschließend mit kaltem oder Eiswasser abschrecken.

BESONDERHEITEN/TIPPS: Frischen Blattspinat in größerer Menge einkaufen, da er beim Garen auf etwa $^1/_8$ des Volumens schrumpft. 100 g frischer Spinat entsprechen 80 g blanchiertem Spinat.

SCHMECKT BESONDERS GUT ZU ODER IN: Junge Spinatblätter eignen sich vor allem für Salat, ältere Blätter lassen sich gut in Smoothies verarbeiten. Besonders beliebt ist Spinat als Beilage zu Fischgerichten, in Kombination mit Nudeln und Kartoffeln für Aufläufe oder Gemüsekuchen.

SAISON: Von März bis Juni gibt es den zarten Früh- bis Sommerspinat, von September bis Oktober den gröberen Winterspinat.

EINKAUF: Die Blätter sollten knackig und frisch mit einem ansprechenden Grün sein, ohne welke Stellen oder Flecken.

LAGERUNG: Am besten frisch verwenden, ansonsten bis zu 1 Tag im Gemüsefach des Kühlschranks aufbewahren. Besser: Blätter blanchieren, kalt abschrecken, ausdrücken und einfrieren.

SEETEUFEL MIT SPINAT-RÄUCHER-FORELLEN-RAVIOLI UND MANDELSPINAT

Für 4 Personen
Zubereitung: 1 Stunde 10 Minuten plus Ruhezeit für den Teig
Schwierigkeit: mittel

- 4 Eier
- 200 g Weizenmehl (Type 405) plus etwas mehr für die Arbeitsfläche
- 4 EL Olivenöl
- 2 ½ TL Salz
- 750 g junger oder Baby-Blattspinat
- 2 Schalotten
- 1 unbehandelte Zitrone
- 125 g Räucherforellenfilets (aus dem Kühlregal)
- 25 g geriebener Parmesan
- Zitronenpfeffer (geschroteter Pfeffer und Zitronenschalengranulat)
- 3 TL Butter
- 30 g gehackte Mandeln
- 100 ml Weißwein
- 200 g Sahne
- 1 TL Ahornsirup
- 6 Stängel Basilikum
- 4 Seeteufelfilets (à ca. 150 g)

1. Für den Ravioliteig zwei Eier trennen und Eiweiß beiseitestellen. Mehl mit dem Eigelb sowie zwei weiteren Eiern, 1 EL Öl und ½ TL Salz zu einem glatten Teig verkneten. In Folie wickeln und etwa 30 Minuten ruhen lassen.

2. Für die Füllung Spinat verlesen, waschen und trocken schütteln. Schalotten abziehen und fein würfeln, die Würfel einer Schalotte beiseitelegen. 1 EL Öl bei mittlerer Temperatur erhitzen und die übrigen Schalottenwürfel darin anschwitzen, 250 g Spinat dazugeben. Abgedeckt 5–10 Minuten dünsten und abkühlen lassen.

3. Zitrone heiß abwaschen, trocken tupfen und die Schale abreiben, die Zitrone halbieren und den Saft auspressen. Räucherforelle klein schneiden. Mit Parmesan und Zitronenschale unter den Spinat heben, mit ½ TL Salz und ¼ TL Pfeffer würzen.

4. Den Ravioliteig halbieren und jede Hälfte auf einer mit Mehl bestaubten Arbeitsfläche sehr dünn ausrollen. Auf eine Hälfte des Teigs in Abständen von etwa 8 cm jeweils 1 TL Spinatfüllung geben und die Ränder um die Füllung herum mit Eiweiß bestreichen. Die zweite ausgerollte Teighälfte darüberlegen und den Teig um die Füllung herum mit den Fingern festdrücken. Mit einem passenden Glas Ravioli ausstechen und die Ränder nochmals gut andrücken.

5. Für den Mandelspinat 1 TL Butter bei mittlerer Temperatur erhitzen, die Mandeln darin goldbraun rösten. Übrige Schalotte und übrigen Spinat dazugeben und anschwitzen. Weißwein und Sahne angießen, offen bei etwas reduzierter Temperatur etwa 10 Minuten dünsten und mit Ahornsirup, ½ TL Salz und ¼ TL Pfeffer würzen.

6. Ravioli in kochendem Salzwasser 8–10 Minuten garen. Basilikum waschen, trocken schütteln, Blättchen abzupfen und fein hacken. Kurz vor dem Servieren übrige Butter langsam erhitzen, Basilikum hinzufügen und die Ravioli darin schwenken.

7. Seeteufelfilets waschen, trocknen, mit Zitronensaft beträufeln. Mit Salz und Pfeffer würzen. Im übrigen erhitzten Öl beidseitig etwa 10 Minuten braten. Auf Tellern anrichten und servieren.

Stielmus/Rübstiel

AUSSEHEN: lange dunkelgrüne Blätter mit hellen zarten Stielen (Mangoldähnlich) am Ende mit zarten, kleinen Rübchen

GESCHMACK: würzig und ganz leicht scharf

GARZEIT: Blätter und Stiele separat garen, da die Stiele eine etwas längere Garzeit haben. Blätter 3–4 Minuten Garzeit, Stiele je nach Schnittgröße etwa 10 Minuten.

BESONDERHEITEN/TIPPS: Stielmus gehört zu den Mai- und Herbstrüben, deshalb auch der Zweitname Rübstiel. Für Stielmus werden die Rüben lediglich anders gepflanzt, damit sie schön klein bleiben und sich statt dicker Rüben die typischen langen Blattstiele bilden.

SCHMECKT BESONDERS GUT ZU ODER IN: Gedünstet als Beilage zu Fisch oder Geflügel, aber auch in Eintöpfen oder Nudel- und Pfannengerichten.

SAISON: von April bis Mai, zweite Ernte Oktober bis November

EINKAUF: frische grüne Blätter, saftiges Aussehen

LAGERUNG: im Gemüsefach des Kühlschranks 1–2 Tage haltbar

STIELMUS-HACKFLEISCH-TOPF MIT KERBELÖL

Für 4 Personen
Zubereitung: 50 Minuten
Schwierigkeit: einfach

1 kg Stielmus
6 EL Rapsöl
500 g Hackfleisch (oder 4 Mettwürste)
300 ml Gemüsebrühe
500 g mehligkochende Kartoffeln
2 große Karotten
Salz
¼ Bund Kerbel
frisch gemahlener schwarzer Pfeffer
100 g fetter Speck oder Bacon
frisch gemahlene Muskatnuss

1. Vom Stielmus den Strunk und die oberen dunkelgrünen Blätter abschneiden. Die weißen Stiele sowie die zarten grünen Blätter waschen und in 2–3 cm Stücke schneiden.

2. 2 EL Öl bei mittlerer bis hoher Temperatur erhitzen, Hackfleisch darin 8–10 Minuten krümelig braten, Stielmus zufügen und anschwitzen. Brühe angießen, alles aufkochen und bei reduzierter Temperatur abgedeckt 20–30 Minuten garen.

3. Kartoffeln und Karotten schälen, waschen, in Stücke schneiden und in kochendem Salzwasser 15–20 Minuten garen. Kerbel waschen, trocken schütteln und Blättchen abzupfen. Mit übrigem Öl pürieren und mit Salz sowie Pfeffer würzen.

4. Speck würfeln und in einer Pfanne bei mittlerer Temperatur auslassen. Kartoffel-Karotten-Mischung grob zerstampfen, mit dem Speck unter die Stielmus-Hackfleisch-Mischung heben und mit Muskat, Salz und Pfeffer abschmecken. Stielmus-Hackfleisch-Topf in tiefen Tellern anrichten und, mit Kerbelöl beträufelt, servieren.

Tomaten

AUSSEHEN: Die Farbpalette geht von rot über orange bis grün und auch violett-schwarz. Es gibt unzählige Sorten, die sich nicht nur in Farbe, sondern auch in Größe, Form und Gewicht unterscheiden.

GESCHMACK: aromatisch-erfrischend, leicht süß, mit feiner Säure

---

GARZEIT: geschmort etwa 10–15 Minuten, gefüllt etwa 25 Minuten, je nach Größe

---

BESONDERHEITEN/TIPPS: Heutzutage gibt es mehr als 2500 Tomatensorten, u. a.: Kirschtomaten, die es in unterschiedlichen Farben, Formen und Größen gibt. Ochsenherztomaten sind mehrfach gekammerte und stark gerippte, große, hellrote Tomaten.
Der Name kommt daher, weil die Form an ein Ochsenherz erinnert.
Flaschentomaten erinnern durch ihre längliche Form an bauchige Flaschen. Diese werden meistens zu Tomatensauce verarbeitet, da sie viel Fruchtfleisch und wenig Kerne enthalten. Fleischtomaten lassen sich aufgrund ihrer Größe und Form besonders gut füllen.
Für z. B. Salate eignen sich aufgrund ihres intensiven Aromas Strauchtomaten am besten.

SCHMECKT BESONDERS GUT ZU ODER IN: Tomaten sind wahrscheinlich das beliebteste Gemüse, denn sie lassen sich besonders vielseitig einsetzen. Ob als Salat, klassisch zu Tomaten-Mozzarella zubereitet, als Sauce, in Aufläufen, Suppen oder Eintöpfen, die Vielfalt ist fast unendlich groß.

SAISON: Juli bis August

EINKAUF: feste, unbeschädigte Tomaten ohne Druckstellen

LAGERUNG: Tomaten am besten immer getrennt von anderem Obst und Gemüse und nicht im Kühlschrank lagern. Die Früchte scheiden bei der Lagerung Ethylen aus, das den Stoffwechsel benachbarter Früchte oder Gemüse beschleunigt, sodass diese schneller reifen und verderben können. Tomaten bei Zimmertemperatur aufbewahren, dann sind sie bis zu 14 Tage haltbar; im Kühlschrank verlieren sie schnell ihr Aroma.

GARNELEN-TOMATEN-PFÄNNCHEN MIT OFENBAGUETTE

Für 4 Personen
Zubereitung: 50 Minuten plus Ruhe- und Backzeit
Schwierigkeit: mittel

Für das Baguette

- ½ Würfel frische Hefe (21 g)
- ½ TL Zucker
- 250 g helles Vollkornmehl
- ¾ TL Salz
- 1 EL Sonnenblumenkerne

Für die Garnelen-Tomaten-Pfännchen

- 800 g bunte Kirschtomaten
- 100 g Perlzwiebeln
- 2 Knoblauchzehen
- 4 Zweige Thymian
- 4 Zweige Rosmarin
- 4 Zweige Oregano
- 6 EL Olivenöl
- Salz
- frisch gemahlener schwarzer Pfeffer
- 120 ml Noilly Prat
- 400 g küchenfertige Riesengarnelen

Außerdem

- Baguetteblech oder Mini-Brotbackformen

1. Für das Baguette Hefe zerbröseln und mit Zucker in 160 ml lauwarmem Wasser auflösen. Mehl und Salz dazugeben, alles zu einem geschmeidigen Teig verkneten. Abgedeckt an einem warmen Ort etwa 2 Stunden gehen lassen, bis sich der Teig verdoppelt hat.

2. Baguetteblech mit Backpapier auslegen. Teig auf einer bemehlten Arbeitsfläche zu zwei länglichen Strängen formen und in sich verdrehen. Auf dem Baguetteblech (alternativ in Brotbackformen oder auf einem normalen Backblech) weitere 30 Minuten gehen lassen.

3. Backofen auf 250 °C Ober- und Unterhitze (230 °C Umluft) vorheizen. Das Baguette mit Wasser bestreichen, mit Sonnenblumenkernen bestreuen und im vorgeheizten Backofen auf der mittleren Schiene 25–30 Minuten backen. Damit das Brot eine schöne Kruste bekommt, eine Schale mit Wasser in den Backofen stellen. Baguette auf einem Kuchengitter auskühlen lassen.

4. Backofentemperatur auf 200 °C Ober- und Unterhitze (180 °C Umluft) reduzieren. Tomaten waschen und abtupfen, Perlzwiebeln und Knoblauch abziehen. Perlzwiebeln vierteln und Knoblauch zerdrücken. Kräuter waschen und trocken schütteln. Mit Tomaten, Perlzwiebeln und Knoblauch sowie Öl vermischen, mit Salz und Pfeffer würzen. Auf vier ofenfeste Förmchen verteilen, Noilly Prat angießen und im vorgeheizten Backofen auf der mittleren Schiene 15–20 Minuten garen.

5. Garnelen waschen und abtupfen, auf die Tomatenmischung legen und alles weitere 5–8 Minuten garen. Baguette in Scheiben schneiden und zu den Garnelen-Tomaten-Pfännchen servieren.

LANDBROT MIT OCHSENHERZTOMATEN, BURRATA UND RUCOLA

Für 4 Personen
Zubereitung: 20 Minuten
Schwierigkeit: einfach

1 Zweig Thymian
1 kleiner Zweig Rosmarin
1 Salbeiblatt
1 ½ EL Olivenöl
120 g Frischkäse
Salz
frisch gemahlener schwarzer Pfeffer
4 Ochsenherztomaten
400 g Burrata (italienischer Frischkäse)
80 g Rucola
2–3 EL heller Traubensaft
1 TL dunkler Balsamicoessig
½ TL Orangenblütenhonig
½ TL süßer Senf
4 große Scheiben Landbrot

1. Kräuter waschen und trocken schütteln. Thymianblättchen und Rosmarinnadeln abzupfen, mit Salbei sehr fein hacken.
1 TL Öl bei mittlerer Temperatur erhitzen und die Kräuter darin erhitzen, bis sie duften. Kräuter mit Frischkäse verrühren, mit Salz und Pfeffer würzen.

2. Tomaten waschen, von den Stielansätzen befreien und in Scheiben schneiden. Burrata abtropfen lassen und in Stücke zupfen. Rucola waschen, trocken schütteln und in mundgerechte Stücke zupfen.

3. Für das Dressing übriges Öl, Traubensaft, Essig, Honig und Senf verrühren und mit Salz sowie Pfeffer würzen. Rucola mit dem Dressing marinieren.

4. Landbrot mit Kräuterfrischkäse bestreichen, mit Tomaten belegen und den zerzupften Burrata daraufgeben. Mit mariniertem Rucola garnieren und servieren.

THYMIANNUDELN MIT OFENTOMATENSAUCE

Für 4 Personen
Zubereitung: 50 Minuten plus Ruhezeit des Nudelteigs
Schwierigkeit: mittel

- 2 EL gehackte Pistazien (30 g, alternativ geriebene Pistazien aus dem gut sortierten Supermarkt)
- 6 Zweige Thymian
- 2 Eier
- 320 g Weizenmehl (Type 405) plus etwas mehr für die Arbeitsfläche
- Salz
- 1 kg reife Fleischtomaten
- 1–2 EL brauner Rohrzucker
- 1 Zwiebel
- 2 Knoblauchzehen
- 3 EL Olivenöl
- frisch gemahlener schwarzer Pfeffer
- 200 g Kirschtomaten
- Basilikumblättchen für die Dekoration

1. Für die Thymiannudeln die Pistazien mahlen. Thymian waschen, trocken schütteln, Blättchen abzupfen und sehr fein hacken. Die Hälfte der Thymianblättchen, Pistazien, Eier, Mehl, ¾ TL Salz und 6 EL kaltes Wasser zu einem geschmeidigen Teig verkneten. In Folie wickeln und etwa 30 Minuten ruhen lassen. Nudelteig auf einer bemehlten Arbeitsfläche 0,2–0,3 cm dick ausrollen, in 1–1,5 cm breite Streifen schneiden und auf einem Küchentuch antrocknen lassen.

2. Backofen auf 240 °C Ober- und Unterhitze (220 °C Umluft) vorheizen. Für die Ofentomatensauce die Fleischtomaten waschen, halbieren und von den Stielansätzen befreien. Ein Backblech mit Zucker bestreuen, die Tomaten mit den Schnittflächen nach unten auf das Blech legen und im vorgeheizten Backofen auf der obersten Schiene etwa 10 Minuten rösten, bis die Haut beginnt, schwarz zu werden. Die Tomaten aus dem Ofen nehmen, etwas abkühlen lassen und den Backofen auf 220 °C Ober- und Unterhitze (200 °C Umluft) stellen.

3. Zwiebel und Knoblauch abziehen, Zwiebel würfeln und Knoblauch zerdrücken. Fleischtomaten häuten und das Fruchtfleisch in kleine Stücke zerteilen. Tomatenstücke, Zwiebel, Knoblauch, 2 EL Öl, ¾ TL Salz und ½ TL Pfeffer vermischen, alles wieder auf das Blech geben. Im Backofen auf der mittleren Schiene weitere 15 Minuten garen.

4. Kirschtomaten waschen und trocken tupfen. Das übrige Öl bei mittlerer Temperatur erhitzen. Kirschtomaten und übrigen Thymian darin etwa 5 Minuten braten.

5. Nudeln in kochendem Salzwasser 3–4 Minuten garen. Tomaten und Sud mit den Kirschtomaten vermischen, mit Salz und Pfeffer würzen. Mit den Nudeln auf Tellern anrichten und, mit Basilikum garniert, servieren.

TIPP

Mit frisch geriebenem würzigem Käse bestreuen. Wer es gerne scharf mag, noch eine kleine Chilischote mit in die Sauce geben.

Zwiebeln

AUSSEHEN: Die braune Schale der Speisezwiebel kann in ihrer Farbintensität variieren. Rote Zwiebeln haben eine rote bis dunkelviolette Schale, die besonders dünn ist. Schalotten verfügen über eine mittelbraune Schale, die Form kann länglich bis rund sein. Frühlings- oder Lauchzwiebeln erinnern vom Aussehen eher an Lauch, sind aber Verwandte der Speisezwiebeln. Das erkennt man an den röhrenförmigen, frisch grünen Blättern und der Knolle am unteren Ende. Silber- oder Perlzwiebeln erreichen einen Durchmesser von 15 bis 35 mm. Ihre Haut ist weiß bis silbrig schimmernd.

GESCHMACK: Der Schärfegrad des Fruchtfleisches hängt mit dem Anteil des ätherischen Öls Allicin zusammen und kann je nach Zwiebelsorte unterschiedlich scharf und beißend sein. Dieser Inhaltsstoff sorgt übrigens auch für die tränenden Augen bei der Verarbeitung. Gemüsezwiebeln sind etwas milder und süßlicher. Auch bei den roten oder Perlzwiebeln ist der Geschmack milder als bei der klassischen Speisezwiebel.

GARZEIT: gedünstet und geschmort 10–20 Minuten, gefüllt bis zu 50 Minuten

BESONDERHEITEN/TIPPS: Um tränende Augen beim Zwiebelschneiden zu vermeiden, gibt es viele unterschiedliche Tipps. Von unter fließendem Wasser schälen, vor dem Schälen in den Kühlschrank legen, mit einer Schwimmbrille schälen, den ultimativen Tipp gibt es hier leider nicht. Einfach ausprobieren!

SCHMECKT BESONDERS GUT ZU ODER IN: Gemüsezwiebeln eignen sich zum Rohverzehr in Salaten sowie zum Schmoren oder Grillen. Wegen der Größe wird die Gemüsezwiebel aber besonders gerne gefüllt. Schalotten werden aufgrund des besonders milden Aromas sehr gerne für Salate und Saucen verwendet. Frühlings- und Lauchzwiebeln werden bevorzugt in der kalten Küche, aber auch als Garnitur für Speisen eingesetzt. Speisezwiebeln sind die klassische Zutat für alle Schmorgerichte, viele Braten, Gulasch und Geschnetzeltes sowie aromatische Saucen. Rote Zwiebeln verleihen durch ihre Farbe besonders Salaten eine ansprechende Optik.

SAISON: Mai bis September

EINKAUF: fest und frei von grünen Trieben

LAGERUNG:Kühl, trocken und dunkel gelagert, halten Zwiebeln mehrere Monate, Frühlings- und Lauchzwiebeln bis zu 1 Woche im Gemüsefach des Kühlschranks.

GEBACKENE ZWIEBELRINGE MIT ZWEIERLEI DIPS

Für 4 Personen
Zubereitung: 1 Stunde
Schwierigkeit: einfach

Für die Limetten-Schnittknoblauch-Mayonnaise
1 unbehandelte Limette
¼ Bund Schnittknoblauch (alternativ Schnittlauch)
200 g Salatmayonnaise
2 TL flüssiger Honig
Salz
frisch gemahlener schwarzer Pfeffer

Für den lauwarmen Käse-Tomaten-Dip
50 g Kirschtomaten
75 g mittelalter Gouda
150 g Frischkäse
1 Zweig Oregano
Chiliflocken oder -pulver

Für die gebackenen Zwiebelringe
2 Gemüsezwiebeln
250 g Dinkelmehl (Type 650)
2 Eier
200 ml helles Bier
Salz
frisch gemahlener schwarzer Pfeffer
500 ml Sonnenblumenöl zum Ausbacken

1. Für die Limetten-Schnittknoblauch-Mayonnaise die Limette waschen, trocken tupfen und die Schale abreiben, die Limette halbieren und den Saft auspressen. Schnittknoblauch waschen, trocken schütteln und fein schneiden. Mayonnaise, Limettenschale und -saft, Schnittknoblauch und Honig pürieren und mit ½ TL Salz sowie ¼ TL Pfeffer würzen.

2. Für den lauwarmen Käse-Tomaten-Dip die Tomaten waschen und vierteln oder hacken. Gouda fein reiben, mit Tomaten und Frischkäse in einem kleinen Topf vorsichtig erwärmen, bis der Käse geschmolzen ist. Oregano waschen, trocken schütteln, Blättchen abzupfen und fein hacken. Zum Dip geben und pikant-scharf mit Chili abschmecken.

3. Für die gebackenen Zwiebelringe die Zwiebeln abziehen und in 1–2 cm dicke Ringe schneiden. 100 g Mehl in einen tiefen Teller geben. Eier, Bier und restliches Mehl verquirlen, mit Salz und Pfeffer würzen. Zwiebelringe erst in Mehl und anschließend im Bierteig wenden. Das Öl in einem großen Topf erhitzen, die Zwiebelringe portionsweise goldbraun ausbacken und auf Küchenpapier abtropfen lassen. Mit den Dips servieren.

T-BONE-STEAK MIT MAJORAN-PERLZWIEBELN UND KÜRBIS-TOPINAMBUR-STAMPF

Für 4 Personen
Zubereitung: 1 Stunde plus Marinierzeit
Schwierigkeit: mittel

- 1 kleines Stück Ingwer (ca. 2 cm)
- 1 Knoblauchzehe
- 6 EL Sonnenblumenöl
- 4 TL Sojasauce
- Salz
- frisch gemahlener schwarzer Pfeffer
- 4 T-Bone-Steaks (à ca. 350–400 g)
- 1 kleiner Butternut-Kürbis
- 200 g Topinambur
- 500 ml Gemüsebrühe
- 200 g Perlzwiebeln
- 1 EL brauner Rohrzucker
- 1 EL Honig
- 2 Stängel Majoran
- 1 EL Butter
- 100–150 ml Milch
- frisch gemahlene Muskatnuss

1. Für die Marinade den Ingwer schälen und den Knoblauch abziehen, beides sehr fein würfeln. Mit 4 EL Öl, Sojasauce, 1 TL Salz und ¾ TL Pfeffer verrühren. Steaks abtupfen, mit der Marinade bestreichen und etwa 30 Minuten kalt stellen.

2. Kürbis halbieren, schälen und von Kernen sowie Fasern befreien, in Stücke schneiden. Topinambur schälen, waschen und würfeln. Kürbis und Topinambur in Brühe aufkochen und bei reduzierter Temperatur abgedeckt 20–30 Minuten garen.

3. Backofen auf 80–90 °C Ober- und Unterhitze (60–70 °C Umluft) vorheizen. Steaks bei hoher Temperatur in einer Pfanne auf jeder Seite etwa 3 Minuten anbraten. Die Steaks nur einmal wenden, damit sie saftig bleiben. Auf einem Backblech im vorgeheizten Backofen auf der mittleren Schiene etwa 15 Minuten garziehen lassen.

4. Perlzwiebeln abziehen und das übrige Öl bei geringer bis mittlerer Temperatur erhitzen. Die Zwiebeln darin etwa 10 Minuten anschwitzen. Zucker und Honig zufügen und die Zwiebeln leicht karamellisieren. Majoran waschen, trocken schütteln, Blättchen abzupfen, zu den Zwiebeln geben und mit Salz sowie Pfeffer würzen.

5. Kürbis und Topinambur abgießen. Mit Butter und Milch grob zerstampfen und mit Salz, Pfeffer sowie Muskat abschmecken. Steaks mit karamellisierten Majoran-Perlzwiebeln und Kürbis-Topinambur-Stampf auf Tellern anrichten und servieren.

REGISTER

Über die Autoren

Susanne Cremer hat ihre große Leidenschaften – das Kochen und Backen – vor über 30 Jahren zu ihrem Beruf gemacht. Nach dem Studium der Oecotrophologie und einigen Stationen, z. B. in Großküchen, leitete sie 27 Jahre die Rezeptentwicklung einer Agentur für Food-Innovation. Gemeinsam mit ihrer Schwester gründete sie dann ihre eigene Agentur »Die Rezeptspezialisten«.

Stefan Schulte-Ladbeck ist Foodfotograf aus Leidenschaft. Dass er sein außergewöhnliches Gespür für Licht und Komposition souverän vereint, basiert auf einer fast zwei Jahrzehnte langen Erfahrung. Seine besondere Hingabe zu Essen und Trinken gehört zu seinen Bildern, wie zu seinem innovativen Lebensstil, in dem das Kochen mit Freunden eine besondere Rolle spielt.

Christa Schraa ist Foodstylistin aus Leidenschaft. Mit viel Hingabe und Geduld treibt sie ihre optischen Leckerbissen beim Styling bis zur Perfektion. Durch die Erfahrung langjähriger Arbeit und Professionalität entstehen genussvolle Kunstwerke, die ihre Liebe zum Kochen und Backen ausdrücken.

Impressum

Produktmanagement: Sonya Mayer
Umschlag- und Layoutgestaltung:
Leeloo Molnár
Satz: A flock of sheep
Redaktion der Rezepte:
Sabine Durdel-Hoffmann
Korrektur: Asta Machat
Repro: LUDWIG:media
Herstellung: Anna Katavic

Text & Rezepte: Susanne Cremer,
S & S – die rezeptspezialisten
Fotografie: Alle Fotografien von Umschlag und Innenteil stammen von Stefan Schulte-Ladbeck.
Foodstyling: Christa Schraa

Illustrationen: Seite 11, 15, 19, 23, 29, 37, 45, 49, 53, 57, 61, 73, 81, 85, 93, 101, 109, 113, 117, 125, 137, 147, 151, 163, 167, 171, 175, 183, 187, 191, 195, 199: Shutterstock/www.shutterstock.com; Seite 33, 41, 69, 89, 97, 121, 133, 155, 179, 207, 214: Elena Pimonova; Seite 65, 77, 105, 129, 143, 159, 203: Leeloo Molnár

Printed in Slovakia by Neografia

Unser komplettes Programm finden Sie unter:

Sind Sie mit diesem Titel zufrieden?

Dann würden wir uns über Ihre Weiterempfehlung freuen. Erzählen Sie es im Freundeskreis, berichten Sie Ihrem Buchhändler oder bewerten Sie bei Onlinekauf. Und wenn Sie Kritik, Korrekturen, Aktualisierungen haben, freuen wir uns über Ihre Nachricht an:

Christian Verlag
Postfach 40 02 09, D-80702 München
oder per E-Mail an
lektorat@verlagshaus.de

Die Deutsche Nationalbibliothek verzeichnet diese Publikation in der Deutschen Nationalbibliografie; detaillierte bibliografische Daten sind im Internet über http://dnb.d-nb.de abrufbar.

ISBN 978-3-95961-369-9

Ebenfalls erhältlich ...

ISBN 978-3-95961-272-2

ISBN 978-3-95961-255-5

ISBN 978-3-95961-256-2

ISBN 978-3-95961-211-1